ENTRE PENUMBRA E CENTELHAS

Blucher

ACADEMIA
DE PSICANÁLISE

ENTRE PENUMBRA E CENTELHAS

As reveries no encontro analítico

Ana Fátima Aguiar

Entre penumbra e centelhas: as reveries no encontro analítico

Editora Edgard Blücher Ltda.

SÉRIE ACADEMIA DE PSICANÁLISE
COORDENADORA MARINA F. R. RIBEIRO

Publisher Edgard Blücher
Editor Eduardo Blücher
Coordenação editorial Rafael Fulanetti
Coordenadora de produção Ana Cristina Garcia
Produção editorial Andressa Lira
Preparação de texto Regiane da Silva Miyashiro
Diagramação Lira Editorial
Revisão de texto Cristiana Gonzaga Souto Corrêa
Capa Laércio Flenic
Imagem da capa iStockphoto

Blucher

Rua Pedroso Alvarenga, 1245, 4º andar
04531-934 – São Paulo – SP – Brasil
Tel.: 55 11 3078-5366
contato@blucher.com.br
www.blucher.com.br

Segundo o Novo Acordo Ortográfico, conforme 6. ed. do *Vocabulário Ortográfico da Língua Portuguesa*, Academia Brasileira de Letras, julho de 2021.

Dados Internacionais de Catalogação na Publicação (CIP)
Heytor Diniz Teixeira, CRB-8/10570

Aguiar, Ana Fátima
Entre penumbra e centelhas : as reveries no encontro analítico / Ana Fátima Aguiar. – São Paulo: Blucher, 2025.

200 p. – (Série Academia de Psicanálise / coord. Marina F. R. Ribeiro)

Bibliografia
ISBN 978-85-212-2607-9 (impresso)
ISBN 978-85-212-2606-2 (eletrônico - epub)
ISBN 978-85-212-2605-5 (eletrônico - pdf)

1. Psicanálise. 2. Reverie. 3. Bion, Wilfred R. (Wilfred Ruprecht) – 1897-1979. I. Título. II. Série. III. Ribeiro, Marina F. R.

CDU 159.964.2

Índice para catálogo sistemático:
1. Psicanálise CDU 159.964.2

Sobre a série

A *Série Academia de Psicanálise* visa promover um exercício de reflexão conceitual e clínico que apure os instrumentos técnicos do psicanalista, suas matrizes teóricas e clínicas.

A teoria do psicanalista faz parte do seu acervo consciente e inconsciente, precisa estar incorporada e esquecida, assim como os exercícios técnicos acadêmicos de um músico. Mesmo quando a teoria está ausente nos pensamentos conscientes do analista – e devem mesmo estar durante o seu exercício clínico –, elas constituem uma matriz, um campo psíquico, um continente metaforizante favorecedor do pensamento clínico psicanalítico. As teorias afinam a capacidade de observação do psicanalista, assim como um músico afina seu instrumento com seus exercícios de técnica. A mente do analista é seu instrumento de trabalho, que desafina ao longo dos atendimentos, ao longo do que é vivido a partir do sofrimento humano ao qual o psicanalista é exposto nos diversos contextos clínicos atuais. O exercício de elucidação teórica seria uma das maneiras de o psicanalista afinar seu instrumento nos momentos em que não está exercendo sua função clínica, utilizando-se de conceitos na sua reflexão e apurando sua capacidade de observação. Trata-se de um tipo de academia para o psicanalista, um treino de hipóteses, que o prepara para o seu trabalho clínico, afinando seu instrumento de observação: sua mente.

A teoria pode exercer, então, uma função de continência para o psicanalista, em constantes turbulências geradas nos atendimentos clínicos dentro de uma vasta gama de possibilidades de escuta psicanalítica. A reflexão teórica por meio da sistematização de um texto, compreendido como um continente metaforizante para o psicanalista, onde quer que ele exerça o seu pensamento psicanalítico, tem a função de buscar um sentido para as diversas formas de sofrimento humano na contemporaneidade.

A expressão "clínica" é compreendida no seu aspecto amplo, como pensamento clínico, ou seja, nessa compreensão está incluída tanto a clínica do psicanalista e seu paciente, como a clínica ampliada, que implica o exercício da escuta psicanalítica em diversos e diferentes contextos. Além disso, a psicanálise contemporânea enquanto teoria tem se expandido em diálogo e reciprocidade constante com o exercício clínico.

Pensamos que esse modo de entender as investigações em psicanálise se aplica tanto à pesquisa derivada diretamente de uma experiência clínica, quanto aos estudos no contexto da clínica ampliada, incluindo as chamadas pesquisas bibliográficas ou conceituais. Dentro dessas possibilidades, o que vai realmente se tornar o objeto de pesquisa é um fragmento derivado da experiência, a partir de uma variedade de situações nas quais o psicanalista está envolvido. Trata-se sempre de como determinada experiência, seja de escuta clínica, seja de leitura de um texto, afetou o pesquisador-psicanalista, tornando-se não apenas um fragmento clínico ou teórico a ser investigado, mas o que podemos chamar de um fragmento intersubjetivo.

Freud (1937) escreve que "sem especular e teorizar – quase digo: fantasiar – de maneira metapsicológica, não avançamos um passo"; essa frase representa, nas mais simples – e talvez despretensiosas – palavras, nossa inspiração para a Série Academia de Psicanálise.

Marina F. R. Ribeiro

Coordenadora da série

Lista de figuras

Figura 1 *Ceci est la couleur de mes rêves*, Joan Miró (1925).[1]

Aos meus analisandos, que me permitem experimentar a turbulenta e instigante "pintura-poesia" do encontro analítico, com os quais minha tela mental é pintada de sonhos. Sonhos azuis, sonhos de variadas cores. Sonhos que pintam e bordam a experiência emocional. Cores que (re)criam, expressam, geram sentidos. Cores do incognoscível, do infinito; cores da transformação. "Ceci est la couleur de mes rêves" (Esta é a cor dos meus sonhos).

1 Miró, Joan. *Ceci est la couleur de mes rêves* (1925). Óleo sobre tela, 54 x 65 cm. Coleção Peggy Guggenheim, Veneza, Itália. Na obra original, vemos a expressiva criação de uma imagem-sonho, composta por apenas três elementos: a palavra "*Photo*", uma espécie de gota ou borrão (em tinta azul) e uma frase manuscrita que diz: "*ceci est la couleur de mes rêves*" (esta é a cor dos meus sonhos).

A imaginação é positivamente aparentada com o infinito.

Charles Baudelaire

Agradecimentos

Só no ato do amor — pela límpida abstração de estrela
do que se sente - capta-se a incógnita do instante que é
duramente cristalina e vibrante no ar e a vida é esse instante
incontável, maior que o acontecimento em si: no amor
o instante de impessoal jóia refulge no ar, glória estranha de
corpo, matéria sensibilizada pelo arrepio dos instantes -
e o que se sente é ao mesmo tempo que imaterial tão objetivo
que acontece como fora do corpo, faiscante no alto, alegria,
alegria é matéria de tempo e é por excelência o instante.
E no instante está o é dele mesmo. Quero captar o meu é.
Clarice Lispector, 1987

As páginas deste livro são habitadas por pensamentos-palavra, impressos a partir de um frutífero percurso acadêmico, das "penumbras e centelhas" das experiências emocionais com meus analisandos e de tantos encontros inspiradores vividos pelo pelo caminho - uma coleção de instantes captados com (e pelo) amor.

Os textos que se seguem entrelaçam teoria e clínica num degradê de compreensões em torno do tema da *reverie*. Tal qual uma coreografia embalada pelas consonâncias de um "sonhar compartilhado", ou ainda a sinfonia de uma orquestra, em que as notas e os acordes ressoam de muitos instrumentos, cada qual com seu tom, sua vibração e sua potência, os movimentos e os sons aqui reunidos são parte de uma melodia sinfônica e sonhante.

Agradeço, especialmente, à regência doce e vitalizadora da querida Marina F. R. Ribeiro que, com rigor e ternura, na mesma medida, orientou minha trajetória acadêmica e segue inspirando a construção de novos caminhos. É uma honra que o prefácio deste livro tenha sido escrito por alguém tão importante no processo de criação das ideias que logo lerão.

À Fátima Flórido Cesar, querida amiga e musa inspiradora (como costumo chamá-la), obrigada pelo privilégio de ter suas palavras impressas na primeira orelha desta publicação e pelos seus incontáveis gestos de amizade que marcam e embelezam minha jornada.

Ao querido Elias M. da Rocha Barros, agradeço pela generosidade com que recebeu meus escritos, por me oferecer tão gentilmente suas valiosas impressões. Além de nos brindar com suas notáveis contribuições sobre o tema da *reverie* (às quais espero ter conseguido transmitir aos leitores fazendo jus ao seu brilhantismo), ainda me presenteia com suas afetuosas palavras, que tanto me honram e adornam a contracapa deste livro.

Ao Lipsic (Laboratório Interinstitucional de Estudos da Intersubjetividade e Psicanálise Contemporânea), grupo fértil e produtivo do qual tenho a alegria e a honra de fazer parte como pesquisadora-colaboradora.

Ao meu grupo de pesquisa – minha "aldeia-psicanalítico-acadêmica" – que tanto contribuiu com palavras, ressonâncias e afetos, com os quais pude construir as ideias que aqui apresento. A cada um de vocês, meus amigos – Bruno Marte, Camila Young, Celina Diaféria, Claudia Perrotta, Cristiana Pondé, Davi Flores, Fátima Flórido Cesar, Gabriela Lara Macedo, Ivy Semiguem-Carvalho, Jacqueline Sacon, Janderson Silvestre, Laís Bestetti, Laura Granado, Luan Ricardo de Souza, Marina Abud, Maysa Bezerra, Péricles Machado Jr, Pedro Brito, Pedro Neves, Rachele Ferrari, Renata Rocha, Taís Nicoletti, Talita Moço, Thaís Mariana Arantes e Victória Jordão – agradeço pelas notas harmônicas e vibrantes na construção deste trabalho. Obrigada por sonharem comigo meus textos, pensarem comigo meus pensamentos.

Aos professores Gina Tamburrino, Ludmilla Tassano Pitrowsky e Nelson E. Coelho Jr., agradeço pela leitura cuidadosa e pelas riquíssimas contribuições.

Ao Programa de Pós-Graduação em Psicologia Clínica da Universidade de São Paulo, espaço no qual pude semear e cultivar as ideias que aqui lhes apresento.

Aos meus alunos, que me ensinam tanto e tornam a experiência da docência ainda mais apaixonante.

Àqueles que muito contribuem com meu caminho profissional, que habitam meu mundo e o tornam ainda mais rico e interessante:

Maria Angélica Braga de Oliveira e Alves, agradeço por me ensinar uma psicanálise viva e afetiva, me permitindo experimentar preciosas partilhas com colegas, entre os quais ganhei grandes amigos. Ana Carolina, Caíto, Camila, Edna, Elza, Giovana, Hellen, Marco, Nina, Renata, Simone e Sueli, nossos sábados juntos são essenciais;

Lu Fogaça e Pedro Marky-Sobral, que sorte a minha que nossos caminhos tenham se cruzado;

Os queridos amigos do GBPSF (Grupo Brasileiro de Pesquisas Sándor Ferenczi), grupo do qual tenho a enorme satisfação de fazer parte como membro, agradeço pelas partilhas potentes e inspiradoras;

Às amigas amadas, que no último ano estiveram tão próximas e me fizeram (e fazem) tão bem: Camila e Iasmine, obrigada por essa conexão verdadeira e estimulante; e Dani, encontro-regalo, sou grata pela afinação instantânea nas tantas inquietações, conversas e risos compartilhados.

Afora o campo psicanalítico, ao longo da escrita deste trabalho, me vi cercada pela presença de pessoas especiais que me mostram o singular e o humano em cada um (e em mim). Entre elas, agradeço imensamente:

Ao Gustavo, companheiro de caminhada, agradeço por acompanhar com entusiasmo cada pedacinho deste trabalho, se alegrar (e se emocionar) com a satisfação que ele me traz. Seu cuidado e amorosidade permeiam as entrelinhas destas páginas (e de tantas outras páginas da minha vida);

À minha família que é território de amor, colo, incentivo e descontração. Agradeço por serem sol que aquece, brisa que refresca, presença que nutre;

Aos queridos Soraia e Márcio, por essa amizade que adoça e alegra a vida;

À beleza dos laços com amigas de tantos anos: Adélia, Cacá, Hé, Ju, Má, Manu e Rê; Vivi; Cris, Patrícia, Moema e Rosana;

Ao apoio e à generosidade de Phil e Romão; à vibração e companhia de Carole e João – tão importantes quando este livro era ainda um projeto vívido e pulsante;

À Sônia, pela doce continência e sensibilidade, fundamentais nesta trajetória;

À querida Juliana Caldas, obrigada por desbravar comigo os encantos desta experiência emocional letrada.

À Editora Blucher, sou grata pelo trabalho extremamente cuidadoso de toda a equipe, pela qualidade e zelo impecáveis nesta produção.

Na trilha poética sempre inspiradora de Clarice, noto que, de fato, só no ato do amor presente em cada um desses encontros, foi possível captar esse instante incontável que é a vida. Cada memória experimentada se torna "matéria sensibilizada" nesse caminho.

Os desassossegos e pensamentos, a escrita, a implicação e o encantamento pelo trabalho apresentado nestas páginas foram construídos, portanto, nos (e dos) instantes captados amorosamente em cada um desses encontros. E esse campo fecundo se torna a própria captação do "meu é".

Encerro agradecendo aos leitores que, ao embarcarem nesta jornada, adentram essa experiência. Espero que a leitura também lhes possa permitir captar instantes "duramente cristalinos e vibrantes", nesta dança teórico-clínica das nuances das *reveries* que emergem do encontro analítico.

Conteúdo

Prefácio

Escute só,
isto é muito sério.
Anda, escuta que isso é sério!
O mundo está tremendamente esquisito.
Há dez anos atrás o Leon me disse
que existe uma rachadura em tudo
e que é assim que a luz entra,
não sei se entendi.
Você percebe alguma coisa
da mistura entre falhas e iluminação? [...]
Matilde Campilho, 2016

Edgar Morin (2015) escreve que "é preciso aceitar certa imprecisão e uma imprecisão certa, não apenas nos fenômenos, mas também nos conceitos". O título deste livro é uma apresentação teórica-clínica-poética da imprecisão do fenômeno da *reverie* na clínica e na literatura psicanalítica. Imprecisão que é apresentada ao leitor com a precisão e a determinação de uma autora que tece seu texto com maestria e cuidado ético com os autores que a acompanham nessa jornada investigativa.

O texto ora apresentado é fruto de uma pesquisa acadêmica orientada por mim no Instituto de Psicologia da Universidade de São Paulo (IPUSP). A realização de uma pesquisa em psicanálise é um processo de transformação tanto do pesquisador como de seus interlocutores próximos. Trata-se da indagação e da aproximação ao enigma que nos habita dentro de uma comunidade de colegas, conceitos, textos e trocas significativas. Um pesquisador implicado expande seu pensamento a partir dos encontros éticos e estéticos, fazendo referência aos autores encontrados no percurso e, também, de um estudo consistente e aprofundado da literatura psicanalítica.

A pergunta que nos conduz na pesquisa psicanalítica é aquela que conseguimos alcançar e expressar, parcialmente, do enigma que nos habita e nos move. Quanto mais próximos e perturbados pelo enigma formos, mais autoral é o texto. Considero que Ana conseguiu expressar as nuances das turbulências vividas nos seus encontros analíticos, mas também nos encontros com os textos apresentados nas aulas, nas orientações e nos encontros com os colegas no grupo de pesquisa.

Ana usufruiu de todos os momentos e soube se nutrir de tudo que foi oferecido, tendo como esteio seu mito de origem como pesquisadora psicanalista. Com base em Green (1987/2017), nomeei de "O mito de origem do pesquisador-psicanalista", uma quimera, uma composição única, um fragmento intersubjetivo, um amálgama complexo de experiências. O mito de referência seria um mosaico pessoal, construído de múltiplos encontros e influências, a partir dos quais o psicanalista apreende os diversos fenômenos com os quais se depara. Uma pesquisa psicanalítica é uma realização autoral dessa complexa composição.

Outra característica do livro é que a apresentação conceitual se inicia a partir de uma experiência clínica que percorre todas as páginas por meio de diferentes fragmentos. Há uma circularidade expansiva entre clínica e teoria sempre entrelaçadas, presentes no texto de forma criativa e autoral.

Ana é uma leitora voraz e atenta aos detalhes, capaz de traduzir com palavras próprias o pensamento de outros psicanalistas; e faz isso com ética e cuidado. Além de ter apresentado com excelência o pensamento de Thomas Ogden, Antonino Ferro, o casal Rocha Barros,

Giuseppe Civitarese e o casal Botella sobre o conceito de *reverie*, apresentou meus textos deixando-me acompanhada dessa lista ilustre de psicanalistas que também admiro e estudo, e diante dos quais sou e serei uma aprendiz.

Poucos livros abordam o tema da *reverie*. O trabalho da Ana traz uma contribuição significativa para a compreensão do conceito e do sonhar compartilhado na situação analítica, com o cuidado de apresentar, discorrer, aproximar e refletir, qualidades de uma boa pesquisadora-psicanalista e escritora. Além disso, a autora constrói a denominação *pictografias analíticas* como a apresentação na tela mental do amálgama entre diversas experiências clínicas, teóricas e pessoais que fazem parte da tessitura de um texto; nas palavras de Ana Fátima: "termo que contempla um cerzir teórico-clínico, tecido pelos conteúdos imagéticos e sensíveis dos fenômenos clínicos, entremeado com os lampejos conceituais desenvolvidos pelos autores".

A poesia e a linguagem metafórica estão presentes em todos os capítulos, revelando que a poesia é o sonho da palavra e que a metáfora é uma forma exitosa de apreensão da realidade psíquica. Percebo que se abre um campo de pesquisa em psicanálise no qual o texto acadêmico se apresenta de forma renovada e autoral, cada vez mais fazendo jus a uma linguagem de alcance psicanalítico (Chuster, 2024), que pode estar presente tanto no exercício clínico como em um texto desenvolvido na academia.

Este livro é o testemunho de que é possível aproximarmo-nos dessa ousadia na realização da potência da *poiesis* de um texto teórico-clínico psicanalítico. Foi um prazer acompanhar Ana Fátima entre penumbras e centelhas, e o leitor se sentirá conduzido e embalado por uma autora delicada que apresenta teorias complexas como quem faz uma agradável caminhada.

Marina F. R. Ribeiro

Agosto, 2024

Referências

Campilho, M. (2016). *Fevereiro*. Disponível em: <https://www.youtube.com/watch?v=a2u1D4i-C48>. Acesso em: 22 jan.2025.

Chuster, A. (2024). *Linguagem de alcance psicanalítico. A diferença transcendental em W.R. Bion*. Blucher.

Green, A. (2017). *A loucura privada: psicanálise de casos-limite* (M. Gambini, trad.). Escuta. (Trabalho original publicado em 1987)

Morin, E. (2015). *Introdução ao pensamento complexo*. (E. Lisboa, trad.). Sulina.

O traçado e os contornos: uma introdução

Nenhum sonho se pode contar. Seria preciso uma língua sonhada para que o devaneio fosse transmissível. Não há uma ponte. Um sonho só pode ser contado num outro sonho.

Mia Couto, 2006

Contar um sonho a partir de um outro sonho, por meio de uma língua sonhada... A ideia apresentada na epígrafe de Mia Couto nos faz pensar sobre o sonhar compartilhado. Sonhar acordado, devanear... É exatamente aí que se encontra a chave do que se pretende apresentar nas páginas que estão prestes a ler: a experiência da *reverie*. A análise, em toda sua complexidade, nos coloca (como analistas e como analisandos) diante do enigmático, numa relação exclusiva de confiança e intimidade na qual o analista implicado é convocado a se lançar ao incognoscível da experiência emocional.

Se traçarmos um brevíssimo percurso etimológico da palavra *reverie*, percebemos um interessante movimento de um simples vocábulo corriqueiro que vai ganhando elementos representacionais que lhe dão corpo, forma e conotações conceituais.

Iniciemos pela raiz francesa da palavra "*rêverie*"[1], na qual "*rêve*" significa sonho, *rêver* (verbo): sonhar. Na língua inglesa, a palavra

1 Nas referências sobre o tema, encontramos o termo *reverie* usado com acento – *rêverie* – quando se remete ao termo em francês, e sem acento quando usado em inglês. Escolhi utilizar o termo sem acento, assim como é utilizado na maior parte das produções brasileiras sobre o tema, porém é possível que a forma *rêverie* apareça em algumas citações diretas.

"*reverie*" descreve um estado de mente em que é possível se perder nos próprios pensamentos. Na música, refere-se a um estilo de composição que alude a um devaneio.

No campo psicanalítico, vemos uma menção ao estado de devaneio como uma forma de "sonho diurno", em Freud, no texto *Escritores criativos e devaneios* (1908/1980). Nessa passagem, o autor compara o escritor criativo às pessoas que divagam, sonham acordadas, pessoas com mentes imaginativas, e levanta uma importante questão, indagando se o escritor imaginativo e suas criações podem ser comparados ao que chama de "sonhador em plena luz do dia" e seus devaneios (p. 154).

Mais de meio século depois, em 1962, em seu livro *O aprender com a experiência* (1962/1991), Wilfred R. Bion apresenta com maior profundidade teórica o *pensamento onírico de vigília*, retomando essa ideia de sonho diurno. Nessa perspectiva, enredado pela alusão de que os devaneios seriam frutos da capacidade imaginativa da mente, o autor introduz o vocábulo "*reverie*" na psicanálise para descrever a capacidade da mãe de captar e dar continência aos conteúdos do mundo interno do seu bebê. Segundo o autor (1962/1991), a *reverie* refere-se a um devaneio; a capacidade de *reverie* seria, assim, um estado de sonho da mente. É a capacidade da mãe de receber, acolher, decodificar, significar, nomear conteúdos inconscientes e devolvê-los devidamente metabolizados ao seu bebê.

Ainda que apresentado originalmente à comunidade psicanalítica por Bion, o termo *reverie* ganha *status* de conceito somente a partir das teorizações pós-bionianas. Mesmo que Bion já considerasse analista e analisando como uma díade, um campo bipessoal, foram seus sucessores que passaram a contemplar o conceito aproximando as díades mãe-bebê e analista-analisando e a pensá-lo no contexto da intersubjetividade na clínica psicanalítica.

No percurso de minhas investigações, algumas questões se apresentavam como prementes: qual é a definição de *reverie* em Bion e como o conceito vem sendo ampliado teoricamente no que se refere à experiência na clínica psicanalítica contemporânea? Existem condições específicas para que a *reverie* aconteça? Seria a *reverie* uma produção da mente do analista ou uma criação intersubjetiva oriunda da experiência emocional em análise? Como poderia a *reverie* deixar "à deriva" e, ao mesmo tempo, auxiliar na criação de caminhos, sentidos e transformações na dupla analítica?

É interessante perceber como pode um conceito ser continente de tantos movimentos delicados, sensíveis e genuínos. Como tal, para que possamos alcançar uma compreensão que abarque a amplitude de sutilezas e obliquidades que a *reverie* comporta no que se refere à relação analítica, este livro apresenta, já em seu início, um relato da experiência clínica com Paulo[2], intitulado "Acertando a 'pega'". O intuito é que a experiência clínica narrada possa acompanhar e iluminar o percurso da leitura, embalando o leitor para que "sonhe" os conceitos à luz da situação analítica, pois é exatamente nela que a *reverie* se fenomenaliza.

Para contextualizar o caminho histórico do conceito, o Capítulo 1 destina-se ao nascedouro da *reverie* no pensamento de Bion, ainda como um protoconceito. A clínica psicanalítica apresenta-se como um solo fértil e em constante expansão, no qual conceitos são germinados, cultivados e colhidos.

---

2 O nome Paulo foi escolhido para representar o material clínico que será apresentado ao longo de todo este trabalho. Todavia, tanto o nome quanto muitos dos elementos ilustrativos utilizados nas narrativas foram escritos a partir de uma dimensão ficcional (Tanis, 2015). Desse modo, todas as informações e/ou detalhes que pudessem ser identificados foram cuidadosamente alterados, preservando o compromisso do sigilo e, ao mesmo tempo, permitindo a descrição de fenômenos próprios da experiência clínica que, quando relatados com o devido rigor ético, tornam-se extremamente relevantes para o desenvolvimento de pesquisas sobre a teoria e a técnica psicanalíticas.

Um campo que está sempre sendo renovado, a cada estação, com novos cruzamentos de sementes e, consequentemente, produzindo novas safras de colheita. Assim como o campo teórico, o encontro analítico também é vivo, dinâmico e, dessa forma, propício para uma produção ampla e infinita. Desse modo, com o título "O campo-sonhante-intersubjetivo: lavoura, semeadura e colheita das *reveries* na clínica psicanalítica contemporânea", o Capítulo 2 se dedica a pensar o espaço do encontro entre as mentes, a partir do qual a experiência da *reverie* pode emergir e ser vivida na clínica.

O Capítulo 3, "O cerzido teórico-clínico da *reverie* nas formulações de autores contemporâneos", pretende acompanhar a expansão conceitual acerca do fenômeno da *reverie* pela perspectiva de autores que têm produzido importantes formulações sobre o tema. Serão privilegiados neste trabalho Thomas Ogden, Antonino Ferro, o casal Rocha Barros, Marina F. R. Ribeiro, Giuseppe Civitarese e o casal Botella. Suas formulações versam sobre as experiências intersubjetivas no processo analítico e ampliam as reflexões teórico-clínicas contemporâneas.

A fim de trazer ao leitor uma aproximação entre a experiência clínica e a teoria, serão acrescidos ao capítulo pequenos recortes do trabalho clínico com Paulo, com o objetivo de descrever as *reveries* vividas no encontro analítico. A esses recortes, "sonhantemente" coloridos na tela mental da analista, será proposto o nome de "pictografias analíticas", termo que contempla um cerzir teórico-clínico, tecido pelos conteúdos imagéticos e sensíveis dos fenômenos clínicos, entremeado com os lampejos conceituais desenvolvidos pelos autores pós-bionianos apresentados neste capítulo, enredando algumas especificidades sobre os processos intersubjetivos que circundam a análise.

A utilização dos recortes clínicos tem o objetivo de iluminar e dar vida à *reverie*, conceito espectral, muitas vezes fugaz e, como tal, difícil de ser definido. As narrativas do material clínico com Paulo foram escritas a partir de uma dimensão ficcional (Tanis, 2015), na qual dados que pudessem ser identificados são alterados sem que se perca o essencial: a experiência emocional. É o que nos propõe Ogden (2010), quando sugere que "o autor analista está sempre colidindo contra uma verdade paradoxal: a experiência analítica [...] deve ser transformada em ficção (uma versão imaginativa de uma experiência em palavras), para que a verdade da experiência seja transmitida ao leitor" (p.140).

Desse modo, a narrativa clínica torna-se crucial, pois nos ajuda a recorrer à nossa capacidade imaginativa de apreender a experiência analítica para sermos então capazes de vislumbrar as repercussões da *reverie* dentro do campo psicanalítico e, consequentemente, nos abrirmos para as reflexões teóricas que dela emergem. Dessa maneira, podemos considerar que a relação entre teoria e clínica é percorrida em uma via de mão dupla, por meio da qual ambas se ligam, se cruzam, uma permite o acesso à outra.

A proposta é que as pictografias analíticas entrelacem aspectos conceituais à experiência clínica, na expressiva, dinâmica e envolvente dança da intersubjetividade na situação analítica, contemplando, assim, o viço da experiência emocional diante do fenômeno da *reverie*, antes mesmo da criação da imagem. Os recortes clínicos revelam que esse processo parte de uma experiência que nos convoca a estar à deriva, em um estado de hospitalidade capaz de transformar a impressão sensorial em imagem pictográfica, tolerando o não saber e aguardando, como um ato de fé[3], os sentidos que poderão surgir.

O analista se torna, desse modo, a própria captação do pictograma[4], pela ampliação de sua capacidade de escuta para além do audível, sendo um importante instrumento para a construção intersubjetiva de sentidos

---

3 O "ato de fé", segundo Bion (1970/1991), é a capacidade do analista de esperar que algo possa emergir e dar um sentido à experiência emocional. É um ato "científico" de tolerar o não saber. Para o autor, é necessário que o analista abra mão de memória e desejo, e que tolere o incognoscível, até que os sentidos se mostrem.

4 O termo "pictograma" é usado por Piera Aulagnier (1995, p. 41) quando descreve os três processos de metabolização (ou funcionamento) da psique – o processo originário, o processo primário e o processo secundário –, cujas representações

e transformando a *reverie* em algo que possa ser pensado. Assim, as pictografias analíticas – essas imagens[5] "transvisuais", criadas imaginativamente – abrem caminhos para a expansão de pensamentos que passam a ser comunicados e geram transformações da/na dupla analítica.

O objetivo do Capítulo 3 é criar, como seu próprio subtítulo revela, um "alinhavo" entre as ideias dos autores e a experiência emocional em sessão. Não se trata, portanto, de uma costura propriamente dita, pois o conceito de *reverie* é vivo e não se apresenta com pontos fechados, em *overlock*. A ideia aqui é mostrar que a *reverie*, enquanto conceito, se faz nas (e das) entrelinhas, pelos diferentes vértices propostos pelos autores apresentados, o que nos ajuda a ampliar a compreensão, tanto conceitual como também em sua implicação clínica. A proposta é evidenciar como cada um dos autores estudados, com suas contribuições autorais e por diferentes matizes, nos ajuda a pensar o fenômeno conceitualmente, de acordo com algumas particularidades experimentadas na situação analítica.

No Capítulo 4, "Do incognoscível às transformações, da linha solta ao bordado", o leitor é convidado a se abrir para um pensamento paradoxal: penumbra e centelhas são opostos que se encontram numa dinâmica viva e transformadora. Como pode a *reverie* deixar "à deriva" e, ao mesmo tempo, auxiliar na criação de caminhos, sentidos e transformações na dupla analítica? De que maneira o fio solto, como numa obra de arte aberta, se transforma numa bordadura confeccionada intersubjetivamente? De que forma o conceito de *reverie* vem sendo ampliado teoricamente e como cada autor contribui no que concerne à experiência clínica da *reverie*?

---

seriam, respectivamente, a representação pictográfica ou pictograma, a representação fantasmática e a representação ideativa.

5 Aqui a palavra "imagem" é usada para se referir a algo da ordem da "imaginação", da capacidade imaginativa da mente.

Aqui o intuito não é concluir, no sentido de supor um fechamento, tampouco decifrar o conceito de *reverie*, mas sim abrir espaço para uma reflexão que versa a amplitude de caminhos para se pensar a *reverie* e as transformações em análise. De todo modo, ainda que não haja a intenção de promover um esgotamento sobre o tema, ao pensarmos nos diferentes vértices teórico-conceituais engendrados no conceito de *reverie*, podemos identificar alguma conformidade quanto a sua aplicabilidade clínica? Propõe-se, portanto, analisar se haveria uma concordância em considerar que, por meio da *reverie*, o campo pode tornar-se ainda mais transformador para o processo analítico.

Nota-se que um conceito complexo como a reverie, tanto teórica quanto clinicamente, demanda um estudo cuidadoso e apurado, pois ele não pode ser considerado designativo de um processo analítico, com um sentido e propósito únicos e invariáveis. Ao contrário, é um fenômeno alusivo, que incita o início de todo um processo que abarca inúmeros movimentos intersubjetivamente experienciados: intuição, criação, imaginação, penumbra, trevas, enigma, tolerância à frustração, fé, centelhas, sentidos, transformações.

A psicanálise exige do analista um papel ativo e implicado com os movimentos inerentes ao processo analítico:

> *A arte da análise não só requer que lutemos com a questão de criar um lugar em que analista e analisando possam viver, mas também que desenvolvamos o uso de uma linguagem adequada para dar voz à nossa experiência de como é a vida nesse lugar sempre cambiante (Ogden, 2013, p. 27).*

No trecho citado, Thomas Ogden apresenta a visão de uma psicanálise viva e criativa, que nos convida a estarmos abertos ao movimento cambiante da vida para que, assim, a análise possa se tornar, tanto para o analisando quanto para o próprio analista, um acontecimento humano.

Pensar sobre o que ocorre no espaço intersubjetivo da análise amplia e reforça a compreensão, bem como a relevância, das experiências emocionais vividas conjuntamente pelo par analítico, ultrapassando a perspectiva de que o propósito da análise é exclusivamente a função de interpretar a transferência ou de revelar o inconsciente. Espero que as investigações aqui propostas possam promover aprofundamento teórico e favorecer repercussões "caleidoscópicas" sobre a *reverie*, que permitam ao leitor uma abertura para infinitas combinações de cores e formas para a compreensão das nuances do fenômeno no encontro analítico e sua relevância na clínica psicanalítica contemporânea.

Acertando a "pega": uma experiência clínica para sonhar conceitos

Em meio ao breu, um devaneio, um pensamento-sonhante,
À deriva, entregue a imagens, sons, ideias, sensações...
Súbito, desconexo, desconcertante.

Quimeras de sentido no âmago das emoções,
De um "estar com" implicado,
A um "sonhar com" pujante.
Do incognoscível, ao passível de ser pensado: criações.[1]

Aguardava-o para nosso primeiro encontro. Já se podia ouvir sua presença ruidosa da sala de espera. Toques incessantes de um telefone, dois talvez, que me pareceram receber assuntos de trabalho. Ouvia-se claramente sua voz grave, imponente. Recebe-me com um sorriso simpático quando chego para recepcioná-lo, e observo todo um acrobatismo: guarda celular, pega as chaves, ajeita o cabelo, acerta a camisa para dentro das calças. Assisto a seus movimentos sem me inquietar. Espero e, por fim, estava pronto.

Enquanto caminhávamos até a sala de análise, em uma fração de segundos me veio à mente: "Onde está a mãe? Ele veio sozinho...". Imediatamente me dei conta de que não seria a análise de uma

1 O poema é fruto de um devaneio expresso em palavras, criado a partir da experiência emocional oniricamente vivida com Paulo, cujo relato clínico será apresentado neste capítulo, narrado por meio de uma "escrita analítica ficcional" (Tanis, 2015).

criança. Já sabia que Paulo, o novo analisando, era um adulto. Ainda assim, me "confundi", o que me gerou um certo desconforto.

Já no início, Paulo disse que não sabia se conseguiria ficar em análise, pois seus horários eram muito complicados. Agitado, mexia-se o tempo todo na poltrona. "Senti" que Paulo estava com calor e, ainda que a temperatura da sala me parecesse amena e confortável, reajustei-a.

Achava que não precisava de análise, mas seu médico insistiu muito e, mesmo morando em outra cidade, decidiu vir me procurar. Disse (quase sussurrando de tão baixo): "Dr. Reis recomendou que a análise fosse feita com voc...", e logo, chacoalhando a cabeça num gesto bastante constrangido, corrigiu dizendo: "Quer dizer, por você".

Chamou minha atenção quando Paulo (quase) pronunciou "com você". Meu pensamento então vagou novamente para aquela impressão inicial do encontro, momento no qual eu havia sentido que a mãe não estava presente. Parecia ser um esboço de um pensamento, ainda rarefeito e desconexo, mas nítido em minha mente. Era como se aquele pensamento disforme estivesse lá para ser encontrado. Mesmo bastante incomodada com esses pensamentos e sensações, não me empenhei em entendê-los, tampouco em interpretá-los.

Foi um trabalho árduo fixarmos um dia para a análise. Pude sentir que o impasse estava relacionado à indisponibilidade psíquica para esse encontro comigo e com ele mesmo. Fiz manobras das mais inéditas e inimagináveis com minha agenda. Mexe daqui, ajeita de lá... manejos variados tentando viabilizar, ir ao encontro, oferecer o que ele, com muita dificuldade, estava buscando. Horário acrobaticamente acertado, possibilitamos a oportunidade para ambos estarmos naquele espaço analítico.

Nas primeiras sessões, houve uma recusa ao divã, e mesmo frente a frente, parecia evitar o meu olhar. Celulares sempre ligados: toques, alertas, vibrações. Em meio a tantos sons, tive a impressão de escutar ao fundo um *tique-taque, tique-taque*... Olho discretamente para meu relógio, mas não vinha dali. Tão menos do dele, pois não estávamos assim tão próximos. Meu superego cruel novamente me aterrorizando por estar me "distraindo" tanto naquela sessão. Arrazoando, na tentativa de ponderar o imponderável daquele instante, penso: talvez seja a agitação de Paulo. Hoje percebo que não somente.

Ele conta, rindo, que fora obeso desde que se entende por gente e diz: "Sempre fui esse poço", referindo-se à expressão "rolha de poço", devido ao sobrepeso. A palavra "poço" ficou ecoando em minha mente, ocorrendo-me uma imagem: um poço sem fundo, vazio, escuro, seco. Desconforto e um intenso sentimento de preocupação e cuidado me invadiram.

Conta que seu médico lhe dissera que poderia morrer a qualquer momento devido à obesidade. "Sou uma bomba-relógio". Num estalo, lembro-me do tique-taque que ouvira em sua presença. Algo se revelou em minha mente antes que fosse dito. Sentia claramente Paulo como uma bomba-relógio. Aquele devaneio mostrou que estávamos conectados, nossas mentes se comunicavam para além das palavras ditas. Nas entrelinhas, no ar, no espaço "entre", algo estava sendo captado. Algo humano.

Paulo conta que, pela primeira vez, sentiu medo de morrer. "Acho que sou bem frio para algumas emoções. Só o perigo me estimula, por isso sou viciado em aventura". Conta que qualquer coisa que experimente e lhe traga prazer o faz perder o controle, aquilo torna-se um vício. Será então que aquela relutância em iniciar a análise teria sido reflexo do medo da dependência? O receio de ir ao divã traduziria o medo de deixar-se levar e perder o controle? O medo de morrer teria sido, mais uma vez, "estimulante" e teria mobilizado Paulo a buscar ajuda, ainda que a sensação de ser cuidado pudesse lhe ser tão desconfortável?

Considera-se um "dependente-potencial", termo criado por ele, referindo-se à facilidade com que se torna dependente de "coisas" que o façam se sentir bem (e vivo, imaginei). Algo daquela expressão me atravessava bruscamente e me tocava. Ouvia-o cunhar-se de uma forma estereotipada e pejorativa, mas me soava tão vibrante que curiosamente conduzia meus pensamentos à ideia de vida, de "centelha vital". Mas por quê, quando, na verdade, falávamos de vícios e destruição? Senti-me intrigada, porém não desconcertada, como se houvesse ali um sentido (ainda não apreendido) naquele pensamento tão incongruente.

Em algum momento da análise, disse a ele como me parecia que todas as obrigações de trabalho, por mais tensas e estressantes que fossem, também eram sentidas como confortáveis e satisfatórias e que, para ele, era mais aceitável e seguro que outros dependessem dele, e não o contrário.

Nesse momento, seus olhos me fitaram, arregalados, como se ouvisse algum segredo que acabara de ser revelado. Ficou alguns instantes calado, olhando para lugar nenhum. Então, sorriu e disse: "Que esquisito... acho que já sonhei com você me falando exatamente isso. Mas o estranho é que eu não me lembrava disso antes, e na verdade, nem agora... mas é como se eu já tivesse escutado isso... só pode ter sido em algum sonho". Pensei comigo: Então já era algo que estava ali, mesmo antes de ser dito. Um pensamento sem pensador[2], em termos bionianos. Algo que é primeiro sonhado, depois vivido. Não eram mais os meus sonhos ou os dele. Não era possível discernir o que vinha da analista ou do analisando. Sonhávamos a dois. Sonhávamos a sessão.

---

2 Bion (1977/2018), em *Domesticando pensamentos selvagens*, define os pensamentos selvagens como uma espécie de pensamento "sem pensador". Pensamento selvagem é o nome dado por Bion a um pensamento que precisa ser domesticado para ser incorporado pela pessoa. Pode emergir como "sonhos estranhos" em busca de um pensador para sonhá-los. Esses pensamentos poderão ou não ser acolhidos, seja pela mente do paciente, seja pela do analista. Vai depender da condição da dupla de desenvolver uma continência para que as vivências terroríficas possam ser contidas e vivenciadas, naquele momento do encontro analítico. Ou seja, somos vividos pelo pensamento e só podemos conhecê-lo à medida que nos colocamos unidos a ele. O conhecimento é adquirido pela vivência no aprender com a experiência, e não pela informação.

Na sessão seguinte, foi ao divã. Começou me contando que já fora viciado em cocaína. Não se orgulhava dessa fase da vida. Disse que demorou para admitir ser viciado, e só se deu conta após um "apagão", no qual ele não sabia mais quem era. Disse que o desconforto com essa situação foi tão intenso que parou de uma vez, e até hoje não acredita como conseguiu "tão fácil". Eu digo que talvez o impacto de não ter se reconhecido, de ter se desconectado de si mesmo, devia ter sido muito ameaçador, muito terrível. Ele concordou com a cabeça, sentou-se no divã, virou-se para mim... olhou-me nos olhos (como não havia feito de uma forma tão direta até então) e começou a chorar, como jamais fizera antes. Eu disse que ele estava seguro, que podia chorar. O choro continuou por algum tempo, depois foi se acalmando, até que se acomodou novamente no divã.

Disse então que lhe veio à mente uma ideia bastante perturbadora, que mesmo parecendo uma fantasia, naquele instante tornou-se muito real, "tão concreto, que era como se pudesse tocar a lembrança com a mão". Recordou-se de estar no colo da mãe e ela não segurá-lo, não envolvê-lo... Lembrava que era bem pequeno, mas não conseguia precisar o quanto. Tinha a sensação constante de que iria cair, era uma agonia muito intensa.

Conta que a vida toda a mãe fora distante, nada afetiva ou acolhedora. Desde pequeno sentia uma coisa estranha... Era como se seu corpo não tivesse muito contorno quando estava no colo da mãe, como se estivesse escorregando o tempo todo, ou que algo dele estivesse escorrendo sem ser contido, não sentia que havia uma sustentação. "Lembro que minha mãe não olhava muito para mim. Aliás, nunca olhou."

Paulo sempre foi uma criança muito inteligente, era destaque na escola em todos os anos e fases escolares. Os professores o elogiavam para sua mãe nas raras vezes que ela comparecia às reuniões. Ela dizia: "Nem tem necessidade de ir. Sempre falam a mesma coisa".

Os méritos na escola não o fizeram ganhar prestígio ou o afeto materno, porém, entre seus colegas, era muito requisitado para explicar conteúdo e participar de grupos nos trabalhos. Conta que a atenção dos colegas foi seu refúgio. Diz nunca ter pensado nisso, mas que parecia realmente mais fácil para ele que os outros dependessem dele, como é o caso dos sócios, da esposa, da filha e dos próprios pais (que hoje não têm condições de se manterem com a aposentadoria).

Recordo-me que na sessão anterior, quando lhe fiz esse apontamento, Paulo me olhou assustado como se eu tivesse acabado de revelar um segredo inviolável, e me falou sobre a sensação de que eu já havia dito a ele exatamente aquilo, só que em um sonho.

Eu disse que aquela sensação experimentada na outra sessão mostrava que essa ideia já estava sendo visitada em seus pensamentos ainda disformes, sem terem ainda sido pensados, daí a expressão de susto quando eu os tornei verbais, audíveis. A sensação havia sido impactante, porém extremamente conhecida para ele, pois era como se aquele pensamento já pairasse ali e tivesse sido capturado de uma forma inconsciente e sutil, na intimidade do espaço analítico.

A confiança, aos poucos tecida, foi essencial para que Paulo pudesse se tranquilizar, apropriar-se daquele (ou criar aquele) espaço. A análise tornou-se um ambiente fecundo e possível para a experiência, para criar e poder, de forma inaugural, entrar em contato com a intimidade do cuidado, sem que se sentisse aterrorizado pelas memórias que a situação de dependência afetiva lhe causava.

Recordo-me de um fragmento clínico intitulado "A pega" (Cesar, 2019) que discorre sobre uma situação analítica em que a analista parecia viver com seu paciente algo semelhante ao que uma mãe vive nas primeiras mamadas, a "pega". Conta uma experiência na qual, tal como a mãe com seu bebê, a analista mobiliza-se a todo custo para atender seu paciente, satisfazer suas necessidades, num malabarismo para alcançá-lo.

Penso que o encontro com Paulo se iniciou a partir de uma "pega" muito complexa. Paulo virava para lá, para cá, inquieto, afoito. Mas enquanto fazia mil manejos acrobáticos em minha agenda ou quando ajusto a temperatura da sala de análise, numa tentativa de acolher seu desconforto, colocava-me disponível, receptiva, como uma mãe captando as identificações projetivas de seu bebê. Desde o primeiro instante daquele encontro havia algo incognoscível, comunicado entre as mentes da analista e daquele analisando, aquela criança intuída: Paulo-menino.

A experiência da *reverie* ocorre também na sensorialidade auditiva do *tique-taque*, como se pudesse intuir um estado de explosão que estava por vir devido aos conteúdos caóticos do mundo interno de Paulo. Ao mesmo tempo que explodir parecia significar destruir ou fragmentar, havia uma forte impressão de que era preciso que uma explosão ocorresse. E realmente aconteceu; a partir de uma regressão, esses conteúdos de terror puderam vir à tona.

As imagens e sensações criadas, ainda muito precocemente e sem que a analista tivesse qualquer contato consciente com o mundo interno do paciente, foram possíveis devido à capacidade de *reverie*. Foi a partir de uma abertura para o encontro que um canal de acesso intersubjetivo aos conteúdos internos do paciente foi criado, permitindo que a dupla analítica pudesse processar os elementos impensáveis: o medo, a angústia, o desamparo, e, assim, possibilitando a capacidade de pensar e criar, caminho fecundo para o estabelecimento de um espaço transformador.

1. O nascedouro de um protoconceito: a *reverie* em Bion

A principal preocupação do analista deve estar com o material do qual ele tem evidência direta, a saber, a experiência emocional das próprias sessões analíticas.

W. R. Bion, 1965

As contribuições de Wilfred R. Bion para a psicanálise representam muito mais do que a criação de uma teoria composta por um conjunto sistemático de conceitos inovadores. Com raízes e heranças kleinianas, o autor inaugura importantes reflexões, numa fase ainda bem inicial de sua obra, no que se refere aos processos de constituição e desenvolvimento da mente. Além disso, Bion se contrapõe à noção de que o modelo das escolas psicanalíticas e suas teorias devam embasar o trabalho clínico, como uma bússola. Conforme enunciado na epígrafe, para o autor, a experiência emocional vivida na situação analítica deve ser o guia para o trabalho do analista.

A teoria bioniana se apresenta por meio de uma obra ampla e complexa, da qual serão feitos alguns recortes pontuais que nos permitam abordar especificamente suas ideias sobre a *reverie*, que partem da escolha do termo. Segundo Sandler (2021), o vocábulo *reverie* não pode ser facilmente traduzido e contempla uma penumbra de associações que pode enrijecer e reduzir a apreensão do seu sentido. O autor sugere que Bion evoca no leitor a necessidade de buscar a mesma liberdade de sentidos que o termo *reverie* abrange na música ou na poesia: um estado de sonho, de devaneio.

Como propõe o poeta John Keats (1958), o único meio de fortalecer o intelecto é fazer da mente uma estrada aberta a todos os pensamentos, proibindo opiniões rígidas. Desse modo, a penumbra associativa deve ser evitada a fim de manter a mente livre para devanear, pensar o mais amplamente possível os pensamentos, deixá-los fluírem, divagarem. Talvez por isso o termo *reverie* seja tão interessante e complexo teórica e clinicamente, a começar pela amplitude de sentidos em sua própria etimologia.

Na obra de Bion, o termo *reverie* é citado pela primeira vez em 1959, ocasião em que o autor tentava ampliar a teoria freudiana dos sonhos, mencionando que não há indícios de capacidade de *reverie* em psicóticos (Sandler, 2021). Todavia, o termo teve de fato sua introdução no contexto psicanalítico nas formulações sobre a "Teoria do pensar" (1962/1991), na qual a capacidade de *reverie* pode ser compreendida como um estado de mente que representa uma capacidade de receptividade da mãe, que empresta sua função alfa[1] para conter os elementos ainda não pensados na mente incipiente do bebê, para sonhar a experiência e produzir sentidos.

Diversos autores dentro do campo teórico psicanalítico consideram o papel da mãe (ou quem faça essa função) fundamental no início da vida do bebê. Entretanto, as ideias de Bion no que se refere à capacidade de *reverie*, além de promoverem maior compreensão sobre os processos de constituição do psiquismo, abriram espaço para

1 Função alfa é a tarefa de metabolizar os elementos beta, transformando-os em elementos alfa, elementos que, por sua vez, ainda não têm significado por si só. A partir da *reverie*, os elementos alfa passam por outra transformação: de um elemento sem forma para uma imagem, ou seja, por meio da *reverie*, ganham um contorno imagético. Assim, a tarefa da função alfa é transformar as impressões sensoriais e emoções brutas em elementos alfa, que são transformados em imagens e então podem ser pensados e armazenados na memória.

que inúmeros outros psicanalistas pudessem pensar sobre uma expansão dessas funções para a experiência analítica. Vale lembrar que, em Bion, assim como a *reverie* não configura um conceito, mas um fenômeno, ela também não se relaciona a uma técnica, pois é uma experiência humana.

Bion menciona o termo *reverie* em sua obra quase *en passant*. No trecho a seguir, um dos raros momentos em que o autor se destina a definir o que a *reverie* representa, fica evidente a amplitude de movimentos psíquicos dos quais o conceito é continente:

> *O termo rêverie pode ser aplicado a qualquer conteúdo. Eu desejo reservá-lo apenas àquele que se infunde de amor ou de ódio. Nesse sentido restrito, a rêverie é o estado de mente de abertura a qualquer "objeto" oriundo do objeto amado e é, portanto, a capacidade de recepção das identificações projetivas infantis, sendo elas sentidas como boas ou más pelo bebê. Em suma, a rêverie é fator da função alfa da mãe. (Bion, 1962/1991, p. 36)*

A *reverie* refere-se, portanto, à capacidade da mãe de acolher as identificações projetivas do bebê, metabolizá-las, para que tais elementos brutos projetados sejam, então, devolvidos ao bebê de uma forma que possam ser pensados.

A noção kleiniana de identificação projetiva é ampliada por Bion (1962/1991; 1961/1975), que a compreende como uma comunicação entre os inconscientes da mãe e do bebê, por meio da qual acontece a *reverie*. Bion, desse modo, conferia à identificação projetiva um importante significado, pois a perspectiva kleiniana a considerava, até então, um mecanismo defensivo que refletia, predominantemente, os aspectos do mundo interno, do intrapsíquico. Para Ribeiro (2016), a partir das formulações de Bion, a identificação projetiva passa a ser definida como uma forma primitiva de comunicação entre o bebê e o mundo, pertencente ao campo interpessoal.

A fim de explanar a relevância das contribuições de Bion sobre o conceito kleiniano, a autora enfatiza:

> *A identificação projetiva compreendida por Bion é também uma atividade básica da mente humana para comunicar emoções e passa a ser considerada a origem do pensar. Além de esse autor ressaltar o aspecto de comunicação humana fundamental, aloca o conceito no campo da intersubjetividade. (Ribeiro, 2016, p.46)*

Dessa forma, conteúdos ainda não simbolizados do bebê são intersubjetivamente comunicados (via projeções) para a mente da mãe ou de quem exerça essa continência. Emoções e sensações ainda não passíveis de serem pensadas são captadas pela mente da mãe, numa interação uníssona[2], carregada de conexão emocional.

Isso posto, ainda que guardem entre si peculiaridades e especificações teóricas e clínicas, entende-se que a *reverie* e a identificação projetiva são consonantes enquanto polos de uma comunicação inconsciente de elementos não pensados. Mas enquanto conceito, podemos pensar a *reverie* como uma evolução do conceito de identificação projetiva, que a comporta em uma dinâmica relação intersubjetiva (Ribeiro, 2016; 2017). Assim, através da *reverie*, a função alfa da mãe metaboliza os elementos brutos que a mente incipiente do bebê ainda não seria capaz de significar. E, a partir deste trabalho, a experiência emocional do bebê pode se tornar pensável.

---

2 De acordo com Ribeiro (2017), "estar em uníssono (*at-one-ment*) com o analisando é quase uma experiência de espelhamento; a interpretação do analista torna-se a realidade psíquica vivida pelo paciente, sonhada pela capacidade de devaneio do analista" (p. 189). A autora apresenta a ideia bioniana de *at-one-ment*, que se refere ao que, em análise, a dupla pode fazer, não como dois, e sim como uma unidade.

Figueiredo, Tamburrino e Ribeiro (2011) exploram tal ideia dizendo que é somente pela função alfa que ocorre uma transformação capaz de proporcionar uma digestão metabólica dos elementos brutos, convertendo-os em elementos alfa e possibilitando que estes sejam armazenados e utilizados pelo psiquismo. Os autores complementam que a "função α é, obviamente, uma função de transformação." (p. 31). Ou seja, uma função capaz de dar a um elemento bruto uma forma, transformando-o em elemento alfa e revelando-o, imageticamente, pela *reverie*, transformando-o em conteúdos passíveis de alimentar o bebê com pensabilidade, e levando-o, assim, a um outro patamar dentro do processo do pensar.

A partir desse estado de mente receptivo da mãe, capaz de acolher, tolerar e significar, o bebê vai se tornando capaz de pensar a própria experiência emocional, desde que haja tolerância à frustração[3] (princípio de realidade). Bion concebe que os processos de constituição mental do bebê dependerão de sua capacidade de tolerar o que recebe na forma de elementos elaborados. Em *Ataques ao elo de ligação* (1959/1991), discute a ideia de que a mãe pode oferecer o alimento, ou a metabolização dos elementos brutos, e o bebê, a depender de sua relação com a inveja, pode cuspir, rejeitar. Para o autor, a inveja é um impulso à inibição, e, portanto, é fundamental que o bebê tenha auxílio, via receptividade e tolerância à frustração também da mãe, para que este possa desenvolver a capacidade de suportar a própria destrutividade.

---

3 A tolerância à frustração no bebê se daria em uma junção entre pré-concepção (a expectativa inata por um seio) e a realização (o encontro com o seio real). Desse encontro, nasce uma concepção. De acordo com Bion (1994), se a expectativa de um seio não é atendida, ou seja, se ela se une a uma "realização" de um não seio, seio este indisponível para satisfação, o bebê pode seguir dois caminhos: ou fugir da frustração ou tentar modificá-la. Daí por diante dependerá a condição que o bebê tem de suportar a frustração. Portanto, a tolerância à frustração no bebê, como um princípio de realidade, tem a ver com suas demandas inatas, mas também com a forma como se deu a continência de suas identificações projetivas.

Em suma, ainda que a capacidade do bebê de tolerar a experiência tenha seu papel nos processos de evolução mental, evidencia-se que a mãe (ou quem exerça essa função) tem uma importante tarefa: ajudar o bebê a constituir sua mente, metabolizar e atribuir sentido para suas sensações. Ainda que favoreça o início de um processo de comunicação com o mundo, a mãe não precisa, necessariamente, "nomear" todas as sensações de seu bebê. Há uma digestão intersubjetiva da experiência emocional que independe da nomeação. A capacidade de receber esses aspectos não pensados do bebê, metabolizá-los e digeri-los é um processo que, por si só, proporciona expansão psíquica.

Podemos tomar, portanto, a *reverie*, não como um elemento isolado, mas como a descrição de um fenômeno continente de inúmeros eventos que se interpenetram espectralmente, sem um estabelecimento de fronteiras precisas e claras entre eles. Assim como os demais modelos que encontramos na obra de Bion para pensarmos os fenômenos mentais, a *reverie* também pode ser considerada como parte de um todo, que tem lugar e relevância no processo de constituição e funcionamento mental.

De forma análoga à capacidade de *reverie* da mãe, a ideia de que a *reverie* também está presente na relação analítica já vinha sendo germinada por Bion (1967/2014), mas não como uma ferramenta técnica ou uma ação consequente de um propósito psicanalítico, visto que ela é uma ocorrência humana. Como um fenômeno humano, pode ocorrer em quaisquer relações nas quais se constitua uma abertura para a receptividade e hospitalidade dos conteúdos emocionais do outro.

Assim, entre tantas formas de relação intersubjetiva, as relações mãe-bebê e analista-analisando, segundo Bion, apresentam uma comunicação a partir de uma díade: ambas constituem duplas capazes de digerir e metabolizar os elementos brutos, primitivos, ainda não pensados. Em suas notas inéditas (publicadas nas obras completas em 2014), em uma passagem escrita originalmente em 1967, o autor explicita essa ideia quando afirma que a *reverie* seria uma maneira de construir um pensamento imaginativo, pensamento este ainda sem pensador.

Vemos pela perspectiva bioniana que a experiência intersubjetiva fenomenalizada pela *reverie* comporta um *quantum* de processos psíquicos criativos que são convocados constantemente, a fim de conter e metabolizar as experiências emocionais, visto que nossos afetos frequentemente ultrapassam nossa capacidade de elaboração e, por conseguinte, de expressão na linguagem verbal. Podemos aqui fazer uma menção ao conceito de pensamentos selvagens, enfatizando a ideia de Bion de que existe um pensamento à procura de um pensador, que precisa estar em um estado de mente relaxado e onírico, de modo tal que pensamentos possam brotar, sendo necessário criar formas de acolhê-los, significá-los e, assim, favorecer, em ambas as díades[4], mãe-bebê ou analista-analisando, o desenvolvimento do aparelho para pensar, a expansão da mente.

Tomemos a experiência clínica narrada pelo psicanalista inglês Donald W. Winnicott e que, guardadas as distinções entre arcabouços teóricos, nesse exemplo, a experiência vivida poderia ser aproximada do conceito de *reverie* em Bion. Em um breve relato à Sociedade Psicanalítica Britânica, em 1966[5], Winnicott (*cf.* Abram, 1997) conta que, enquanto ouvia um paciente do sexo masculino, teve a estranha sensação de que estava escutando uma mulher. Mesmo confuso a respeito do que lhe havia ocorrido, compartilha com o paciente essa sensação que lhe tomou. A partir daí, pôde se dar conta de muitos elementos que faziam parte do mundo interno do analisando, como o fato de que, embora se sentisse como um homem em todos os

4 A *reverie* é um acontecimento humano, portanto passível de ocorrer em quaisquer relações em que haja dinâmica intersubjetiva, não exclusivamente em uma relação entre pares. A ideia de díade aqui pontuada serve para pensarmos as associações entre a *reverie* nas relações mãe-bebê e analista-analisando.

5 Ano em que Winnicott foi presidente da Sociedade Britânica, logo depois de Bion ter deixado a cadeira.

aspectos, nos primórdios de sua vida, sua mãe o via como uma menina, e era exatamente isso que acabava se repetindo na transferência.

Essa experiência pôde ocorrer pois existia na relação entre analista e analisando uma comunicação intersubjetiva que contemplava abertura, receptividade, hospitalidade. Em termos winnicottianos, era como se analista e analisando pudessem recriar o espaço potencial[6] entre a mãe e o bebê, e assim tornar possível o viver criativo e a experiência do ser. Na visão bioniana de *reverie*, nota-se o mesmo componente fundamental para que tal experiência ocorra: conexão, abertura, receptividade e capacidade de continência para o encontro, seja entre mãe e bebê, seja entre analista e analisando.

A aproximação entre as díades mãe-bebê e analista-analisando, no tocante à experiência da *reverie*, terá maior expressão e desenvolvimento nas ideias de autores pós-bionianos que têm se dedicado a pensar a capacidade de *reverie* do analista pelo fato deste, numa abertura de mente que muito se assemelha à da mãe com seu bebê, também ser capaz de acolher as identificações projetivas de seu analisando, ou seja, ter a capacidade de estar ressonante com o que é projetado em si. Logo, se a mãe (assim como o analista) for capaz de conter as angústias do bebê (ou analisando), haverá então condições para uma expansão da mente.

Contudo, se as emoções e sensações projetadas não encontrarem um continente adequado, serão reintrojetadas sob a forma de um "terror sem nome" (Bion, 1967/2014), importante fator de inibição da evolução do crescimento psíquico. Nos casos em que a mãe/analista

---

6 Espaço potencial é um conceito winnicottiano que diz respeito a uma área na qual ocorre a possibilidade do brincar entre mãe e bebê. Para Winnicott, "o brincar desenvolve-se no espaço potencial de acordo com a oportunidade que o bebê tem de experienciar separação sem separação, e sua iniciação está associada com a experiência do bebê em desenvolver confiança na figura da mãe." (Winnicott, *apud* Abram, 1997, p. 226).

não pode oferecer continência para as angústias do bebê/analisando, a experiência terrorífica ocorre justamente porque não houve um lugar para o qual o terror pudesse ser projetado, não houve uma mente capaz de acolher tais elementos, um lugar para a identificação projetiva.

Para ilustrar esse fenômeno, tomo um exemplo da situação analítica vivida com Paulo, caso apresentado no início deste trabalho, em vista de adentrarmos a experiência emocional e sairmos de uma descrição meramente conceitual.

A primeira experiência de Paulo no divã foi extremamente turbulenta e aterrorizante (para ambos). Ele se deitou, se contorcia, remexia. Senti um mal-estar e uma sensação de calor súbito... Inclinei-me na poltrona, como quem iria se levantar, e exatamente ao mesmo tempo, Paulo fez o mesmo. Nos encontramos naquele gesto, simultâneo, idêntico e aflito... Eu precisando de ar, ele hiperventilando, extremamente ofegante. Paulo me pediu para encerrarmos a sessão e eu, exausta e sem fôlego, concordei. Ele saiu da sala e imediatamente senti o ar voltando aos meus pulmões. Durante a experiência de Paulo no divã, fui absorvida por uma sensação de terror.

No *a posteriori* da experiência, pude notar que, naquela sessão, minha mente acessou, via identificação projetiva, algo da ordem do não analisável da mente de Paulo, ou algo evacuado que não pude tolerar, recepcionar e que não encontrou um lugar continente para se alocar em minha mente. A situação com Paulo aponta para o fato de que sempre pode haver um terror em qualquer sessão de análise, e que esses elementos terroríficos podem emergir sempre que um aspecto da mente primordial[7] se apresente ou quando um protopensamento que contempla conteúdos destrutivos ameace surgir.

7 Em seus últimos trabalhos, entre 1976 e 1979, Bion fala sobre a existência de um estado de mente pré-natal que o autor define como "mente primordial", ligada a um vértice psique-soma. Com a cesura do nascimento, os elementos representados como vestígios e marcas hostis desse momento vivido tão precocemente ficariam inacessíveis à consciência.

Temi pela continuidade da análise de Paulo, porém a relação entre nós, e de Paulo com o divã, após esse episódio, parece ter tomado outro rumo. Ele retornou na sessão seguinte, sentou-se na poltrona e disse que entendeu que precisava mesmo continuar a análise, e que teve medo de que eu não quisesse recebê-lo de volta após ter "fugido" da última sessão. Sentiu que, quando permiti que ele fosse embora, eu teria dado "graças a Deus", pois nem imaginava que seria tão difícil para ele aquela experiência. Mas sentiu-se "grato" por eu ter deixado que ele fosse embora e estava mais tranquilo em saber que podia voltar.

Interessante notar que, apesar da experiência emocional do terror vivida por ambos, algo da mente de Paulo foi processado no sentido de que ele próprio precisou lidar com sua destrutividade. O sentimento de gratidão era experimentado em uma tentativa de reparar a ideia de que ele poderia ter destruído o espaço de análise e me destruído também (sensação que fora vivida por mim em uma experimentação física não continente e não metabolizadora).

Quando percebeu que podia voltar, houve condições para lidar com sua inveja, sua destrutividade, bem como para "desinibir" a evolução do crescimento psíquico. A tolerância à frustração e aos aspectos terroríficos da mente foram sendo mais bem recebidos na dinâmica intersubjetiva após esse evento. Não houve, por parte da analista, uma nomeação dos conteúdos emocionais do analisando, tampouco continência para eles. Ainda assim, houve continuidade no processo, na evolução das possibilidades de aprender da experiência.

Portanto, afora a função de dar um "nome" (atribuir um sentido para a experiência), está a necessidade de oferecer um lugar continente para onde o terror possa ser projetado, a fim de que seja processado psiquicamente. Para além da tarefa de nomear, seja para o bebê ou para o analisando, para Bion, o papel mais expressivo da *reverie* é a capacidade de acolher tais elementos brutos e digeri-los, metabolizá-los. Na situação analítica, tal dinâmica corresponde ao que Bion denomina *função psicanalítica da personalidade* (Ribeiro, 2019a) por meio da qual, via função alfa, o analista tem a importante tarefa de filtrar e depurar os pensamentos.

Grotstein (2010) faz uma analogia nesse sentido, apontando que esses processos ocorrem numa espécie de "diálise" psíquica. Assim, via "análise-diálise"[8], há uma desintoxicação das evacuações projetivas do analisando, seguida da filtragem e depuração dos elementos brutos de sua mente. O filtro mental do analista transforma estímulos sensórios em elementos a partir dos quais é possível construir pensamentos, sonhos e memória (Sandler, 2021, p. 390). O dicionário de verbetes de Bion escrito por Sandler (2021, p. 391) faz uma menção aos termos "traduzir" e "transformar", utilizados pelo autor indiano para se referir à função alfa, e sugere tomar emprestado o vocábulo da física e da neurofisiologia para recorrer ao verbo "transduzir", que significa transformar uma energia em outra diferente, sem alterar sua essência.

O arcabouço teórico-clínico bioniano nos mostra que a experiência emocional do encontro analítico pode contemplar uma série

---

8 É importante que possamos observar o fenômeno sob um outro ponto de vista. Em uma conversa particular bastante instigante com Elias M. da Rocha Barros, o psicanalista diz discordar da comparação proposta por Grotstein. Segundo Rocha Barros, "uma diálise renal, por exemplo, apura o sangue de toda toxicidade, é um filtro microbiológico, destrói moléculas nascentes, algo que a *reverie* não faz. Mesmo depois de interpretada, comunicada, certos aspectos tóxicos não são esgotados, nem as moléculas nascentes e ainda frágeis são deletadas. A diálise permite que o sujeito 'continue' a viver, mas não ajuda a viver melhor e não está isenta de efeitos colaterais terríveis. A experiência da diálise, em si, é horrível, imobiliza a pessoa por horas, deprime no sentido patológico". E acrescenta: "Quanto mais diálise, mais a pessoa se depaupera e mais próxima fica da necessidade de um transplante de rim". Entendo, portanto, que há, sim, uma espécie de filtragem, "digestão" ou "desintoxicação" dos elementos brutos, porém na *reverie* essa comunicação contribui com a expansão do pensamento e a ampliação da capacidade sempre nascente do pensar.

de movimentos sensíveis e genuínos (entre eles, a *reverie*) que são experimentados pela dupla analista e analisando e criam transformações, promovidas pela dimensão intersubjetiva da comunicação que se efetiva nesse processo e culmina na expansão da mente de ambos.

A partir das ideias de Bion, diversos autores da psicanálise contemporânea vêm ampliando o termo *reverie*, dando-lhe o *status* de conceito, aproximando-o da experiência clínica, concebendo a capacidade da mente da mãe na *reverie* com seu bebê, correlata à experiência vivida pela dupla analítica. Entre as correntes produções acerca do tema, elencamos para este trabalho as formulações de Thomas Ogden, Antonino Ferro, o casal Rocha Barros, Marina Ribeiro, Giuseppe Civitarese e o casal Botella.

Todavia, antes de adentrarmos à evolução do conceito entre os autores contemporâneos, o próximo capítulo se propõe a pensar em que "solo" se ancora a emergência desse fenômeno. Para tanto, situaremos brevemente o leitor sobre qual é o campo no qual a *reverie* pode ser pensada clinicamente.

2. O campo-sonhante-intersubjetivo: lavoura, semeadura e colheita das *reveries* na clínica psicanalítica contemporânea

Eles não sabem que o sonho é uma constante da vida
tão concreta e definida como outra coisa qualquer,
como esta pedra cinzenta em que me sento e descanso,
como este ribeiro manso em serenos sobressaltos,
como estes pinheiros altos que em verde e oiro se agitam,
como estas aves que gritam em bebedeiras de azul.
Eles não sabem que o sonho é vinho, é espuma, é fermento,
bichinho álacre e sedento, de focinho pontiagudo,
que fossa através de tudo num perpétuo movimento.
Eles não sabem que o sonho é tela, é cor, é pincel,
base, fuste, capitel, arco em ogiva, vitral,
pináculo de catedral, contraponto, sinfonia,
máscara grega, magia, que é retorta de alquimista,
mapa do mundo distante, rosa-dos-ventos, Infante,
caravela quinhentista, que é Cabo da Boa Esperança,
ouro, canela, marfim, florete de espadachim,
bastidor, passo de dança, Colombina e Arlequim,
passarola voadora, pára-raios, locomotiva,
barco de proa festiva, alto-forno, geradora,
cisão do átomo, radar, ultra-som, televisão,
desembarque em foguetão na superfície lunar.

Eles não sabem, nem sonham, que o sonho comanda a vida.
Que sempre que um homem sonha o mundo pula e avança
como bola colorida entre as mãos de uma criança.

António Gedeão, 1956

Desde Freud, os processos psíquicos da mente do analista já vinham sendo considerados e denotavam um lugar de grande relevância na situação analítica: a partir das formulações acerca da contratransferência e em meio às teorizações sobre a associação livre de ideias, é claro o papel da mente do analista para a captação da comunicação entre inconscientes. Todavia, especialmente nas produções sobre a técnica psicanalítica, entre os anos de 1910 e 1915, o pai da psicanálise privilegia uma atitude de neutralidade do analista de maneira a marcar a importância de que o espaço analítico estivesse livre de possíveis atravessamentos oriundos dos conteúdos do mundo interno do analista.

Ainda que, para Freud, a neutralidade fosse um fator norteador do trabalho analítico, o psicanalista abre caminhos para que a comunicação entre mentes pudesse começar a ser pensada como parte do processo psicanalítico, e não mais como um fator impeditivo ou prejudicial para que a análise pudesse ocorrer. Na esteira das formulações freudianas, Ferenczi, o *enfant terrible* da psicanálise, inaugura um caminho para se pensar a mutualidade na relação analítica:

> *É como se duas metades da alma se completassem para formar uma unidade. Os sentimentos do analista entrelaçam-se com as ideias do analisado e as ideias do analista (imagens de representações) com os sentimentos do analisado. Desse modo, as imagens que de outro modo permaneceriam sem vida tornam-se episódios, e as tempestades emocionais, sem conteúdo, enchem-se de um conteúdo representativo. (Ferenczi, 1932/1990, p. 45)*

O trecho citado consta no *Diário Clínico* (1932), publicação na qual Ferenczi nos apresenta o embrião do que se tornará a concepção de intersubjetividade no campo psicanalítico. Por meio de sua capacidade clínica e sua abertura intuitiva geniais, o autor já propagava ideias cruciais para a criação de pensamentos de extrema relevância no cenário psicanalítico pós-freudiano. Assim, a psicanálise seguiu estendendo suas reflexões para além dos aspectos intrapsíquicos, dando notoriedade para as construções que partiam das relações intersubjetivas.

Ainda que o termo intersubjetividade não se restrinja ao campo psicanalítico, sendo amplamente utilizado por outras áreas do conhecimento, como a filosofia, a antropologia, a sociologia, entre outros, a relevância dos aspectos intersubjetivos na situação analítica não pode deixar de ser exaltada, pois encontramos suas marcas na base da constituição do psiquismo, nas relações primordiais do bebê com a mãe e com o mundo. As minúcias desse tipo de comunicação intersubjetiva, inaugurada no pensamento freudiano e já evidentes nas ideias de Sándor Ferenczi, passam a ser desenvolvidas, contudo, a partir das teorizações de Melanie Klein sobre as relações de objeto, especialmente do conceito de identificação projetiva e, posteriormente, em Bion (1962/1991), que postula a noção de *reverie*, termo que, como vimos, se relaciona à capacidade da mãe de acolher e metabolizar as sensações e percepções de seu bebê.

Expandindo para a clínica, essa função de comunicação inconsciente pode ser pensada entre as mentes da dupla analítica, na qual o analista passa a captar as identificações projetivas de seu analisando e, a partir de sua função alfa, as transforma. Assim, o analista devolve ao psiquismo do analisando um material passível de ser pensado, de ser sonhado.

A experiência da *reverie* se dá, portanto, em um campo de permeabilidade entre mentes, espaço feraz entre analista e analisando, no qual ela é criada e captada, onde os conteúdos emocionais manifestos pelo sonho de vigília (o devaneio) podem ser comunicados. Um campo no qual a intersubjetividade opera e convoca a capacidade imaginativa da mente do analista por meio de sua receptividade e disponibilidade emocional à comunicação do outro. Dessa maneira, os autores contemporâneos tendem a pensar a emergência da *reverie* fazendo-se valer do conceito de campo analítico, conforme postulado pelo casal Baranger (1961-1962/2010).

A originalidade do casal Baranger reside na compreensão da situação analítica como um campo fértil para múltiplas afetações, um espaço no qual é experimentado o encontro das subjetividades de analista e analisando, que estão em uma complexa interação das forças conscientes e inconscientes do funcionamento mental da dupla, em "uma situação de duas pessoas indefectivelmente ligadas e complementares enquanto está durando a situação e involucradas num mesmo processo dinâmico. Nenhum membro dessa dupla é inteligível dentro da situação sem o outro" (Baranger & Baranger, 1961-1962/2010, p. 129).

Na visão de campo analítico dos Baranger, o encontro entre analista e analisando é central. Nesse espaço (co)criado, a comunicação é expressa por variadas vias, desde as pré-representacionais, as pré, infra ou supraverbais, as verbais ou até mesmo as corporais, por meio de sensações e sentimentos experienciados intersubjetivamente. O campo analítico é compreendido pelos autores como esse espaço gerado no encontro, que se expande e transforma o par analítico.

Em meio à essa dinâmica que envolve reciprocidade, mutualidade e abertura para o outro, podemos perceber que "tudo o que acontece no campo analítico é fruto do funcionamento tanto da mente do analista como da mente do analisando em complexa interação" (Ribeiro, 2020, p. 63). Conforme os estudos psicanalíticos sobre as relações intersubjetivas entre analista e analisando avançavam, novas concepções sobre a contratransferência e seus aspectos clínicos iam sendo formuladas. O estado de mente receptivo e disponível do analista passava a ser considerado como fator favorável ao trabalho analítico, cuja abertura favoreceria a comunicação inconsciente entre as mentes da dupla.

Para ter acesso aos elementos provenientes da vida psíquica do analisando, é necessário que o analista abra um espaço em seu aparelho psíquico, ou seja, flexibilize as fronteiras do seu "si mesmo", não escondendo-o ou ignorando-o, mas, sim, dispondo-se a abrigar em si esses conteúdos. Nesse processo, a própria experiência que ele tem de si mesmo é transformada, na medida em que, para processar esse estranho componente do outro, o analista coloca em jogo o que conhece e o que não conhece (mas, de alguma forma, reconhece) em seu próprio psiquismo, isto é, seus aspectos familiares, bem como os incognoscíveis.

Nesse sentido, seja um encontro presencial ou online, a lavoura desse campo-sonhante-intersubjetivo depende da fertilidade dos processos psíquicos da mente do analista. Assim, a capacidade para recepcionar o sofrimento, as angústias e os elementos não pensados não se estabelece pela presença física, ou seja, não basta que analista e analisando estejam apenas ali, juntos, em uma sala de análise, mas depende, sim, da implicação e disponibilidade emocional para que esse campo possa ser lavrado, semeado, favorecendo a colheita: o trabalho analítico, a expansão da mente e as transformações (em ambos).

A partir desse "chão" – o campo-sonhante-intersubjetivo –, os autores contemporâneos vão construindo suas ideias no que se refere ao conceito de *reverie*, fazendo germinar safras autorais e complexas, que brotam desse solo na vivência do encontro analítico. Ideias essas, que nascem da experiência clínica, geram sementes teóricas e seguem germinando o campo psicanalítico. Teoria e clínica caminham, pois, em um movimento dialético e expansivo.

Se um processo analítico foi semeado, esse é um sinal de que pôde estabelecer-se alguma forma de comunicação entre elementos da dupla analista-analisando, e se algo dali brotar, houve, pois, um processo mais sofisticado de lavragem de recursos existentes no próprio solo, capaz de nutrir a semente. Algo criado a partir dessa comunicação, fecundando esse solo, e dali podendo nascer.

Então podemos dizer que o processo analítico parte sempre desse campo? Acredito que não seja precipitado ou equivocado supor que a resposta seja: sim! No entanto, a colheita pode ser variada, pois o plantio também poderia se originar de formas diversas de lavoura. Há momentos nos quais o trabalho do lavrador-analista concentra-se no plantio de sementes já postas e palpáveis, trazidas pelas mãos do analisando, ou encontradas (intactas ou fragmentadas), no cerne ou nas bordas das palavras ditas, permitindo o trabalho sobre os recursos naturais do solo, germinando-o com as tais sementes entregues ou garimpando-o, buscando analisar tanto as sementes trazidas, quanto as raízes dos arbustos já existentes.

Seja qual for a forma da lavoura, é notório que uma análise se faz a partir da percepção de elementos dispostos pela dupla. Nem sempre o que é captado na sessão de análise é da ordem do visível ou do audível. Os elementos do mundo psíquico do analisando se espalham pelo ar, uma espécie de polinização de partículas microscópicas que carregam em si "gametas", transferidos da antera ao estigma[1] para que, por fim, possa haver uma fecundação. Mas afinal, de que ponto partem as microscópicas partículas de elementos psíquicos (elementos beta, pseudopensamentos, protossensações) que pairam pelo ar no campo-sonhante-intersubjetivo? É fato que existem, sim, muitos desses elementos que "saem" do analisando, seja pela via verbal ou não verbal. Também se espalham pelo ar as partículas vivas e fluidas da mente do analista.

O que podemos pensar dessa mistura de elementos de ambos? Sabemos que tais "gametas", invisíveis a olho nu, estão lá, pairando

1 Anteras são os sacos nos quais são produzidos e armazenados os grãos de pólen (aparelho reprodutor masculino de uma planta); estigma é o canal receptor para que a polinização ocorra (órgão reprodutor feminino).

naquele campo fértil, e que eles têm um potencial de criação quando se encontram. Mas como capturá-los a fim de garantir a germinação do novo? Como alcançar minúsculos fragmentos de pseudopensamentos e protoemoções que se esparramam campo adentro? Não há, senão, um único caminho: a porosidade! E talvez, anterior a ela, sendo esta indispensável, a abertura. A combinação dessa abertura receptiva para que esse campo seja polinizado e a porosidade para que os elementos possam afetar e ser afetados é o que permite que o novo seja cultivado e, com a sorte e os recursos de uma boa lavragem, colhido.

Podemos, portanto, pensar a *reverie* como uma condição favorecedora para o sonhar. Como um estado de mente aberto e disponível que pode ser correlacionado às ideias de atenção livremente flutuante de Freud, ou ainda à máxima bioniana "sem memória, sem desejo e sem compreensão prévia". Abertura para o porvir, para a afetação, abertura para entregar-se ao desconhecido, como um solo virgem e fértil, disponível para recepcionar as sementes lançadas no encontro.

Mas para além de um estado de mente, a *reverie* pode também ser compreendida como aquilo que se fenomenaliza, a partir de uma abertura e disponibilidade "porosa", por meio de sensações e/ou imagens, que geram um caminho possível para a criação de sentidos. Vemos, desse modo, que as *reveries* criadas na mente do analista podem favorecer processos representacionais e a expansão das mentes da dupla analítica.

A captação dos mais sutis fragmentos intersubjetivos que se expressam em uma sessão de análise (ou em uma sequência de sessões) ocorre nesse campo-sonhante-intersubjetivo, capaz de transpor a concretude do encontro entre duas pessoas e abrir espaço para uma escuta do inaudível, a visão do invisível. Um campo dinâmico no qual opera o pensamento dialético, pois os elementos que compõem o campo são, ao mesmo tempo, compostos por ele, em um movimento constante e infinito, um incessante "vir a ser".

Como vemos no sensível poema de António Gedeão, apresentado na epígrafe que abre-alas para este texto, o sonho é uma constante da vida, como um ribeiro manso em serenos sobressaltos. Sonho é vinho, é espuma, é fermento. Sonho é tela, é cor, é pincel, é magia, que é retorta de alquimista. Sonho é para-raios, é locomotiva, é cisão do átomo. É preciso saber (e sonhar) "que sempre que um homem sonha o mundo pula e avança como bola colorida entre as mãos de uma criança."

O campo-sonhante-intersubjetivo torna-se, assim, o "solo" no qual a mente do analista é convocada e, nele, o trabalho analítico do sonhar compartilhado resulta na emergência da *reverie*. Por meio da *reverie*, o analista, em um estado de hospitalidade e de abertura aos conteúdos psíquicos de seu analisando, passa a figurar o impensável, a dar forma ao disforme, a favorecer processos representacionais na vida psíquica (de ambos). Figuração que se dá por imagens e sensações que surgem de forma súbita e despertam no analista turbulências, desconforto, estranhamento: penumbras do encontro com o incognoscível da experiência.

Encerro este capítulo propondo, na companhia de tantos teóricos que me habitam e, dialeticamente, me constroem e me permitem criar, a ideia de que é preciso sonhar, portanto, para poder lidar com a crueza da realidade, para resgatar o movimento contínuo e infinito, a "centelha vital", como nos fala Winnicott (1982), a capacidade de (re) criação e de expansão dos pensamentos e de sentidos. Na lavoura desse terreno-espaço-tempo, no qual analista e analisando plantam esboços de pensamentos e imagens, podem brotar sonhos compartilhados, e a experiência emocional pode ser, portanto, colhida.

Ogden (2013) ressalta que a relevância da análise está em desenvolver no analisando a capacidade de sonhar. Em vista disso, o campo--sonhante-intersubjetivo se torna esse "espaço-tempo" de captação, criação, metabolização, produção de sentidos e de novos sonhos. E nesse campo fecundo, a mente do analista se torna adubo, pois é ela que nutre o campo analítico com elementos fundamentais para que este possa dar frutos. Assim, abertura, receptividade e tolerância à frustração e ao desconhecido podem ser consideradas componentes essenciais para a lavoura, semeadura e colheita das *reveries* na clínica psicanalítica.

O analista precisa contar com um estado de mente criativo e continente aos conteúdos psíquicos de seu analisando, bem como suportar os seus próprios, pois é necessário que, apoiado em sua capacidade negativa e em sua função alfa, possa "sonhar junto" com seu analisando os elementos impensáveis e as angústias do campo. Além disso, precisa expandir seus pensamentos para se tornar apto a sonhar os pensamentos que ainda não puderam ser pensados.

Por meio das *reveries*, a mente do analista entra em contato com o incognoscível, com o que não pôde ser sonhado, e expande-se para ser capaz de tal metabolização. Via função alfa, o analista favorece o sonhar ao analisando, um sonhar que brota de um campo fértil, compartilhado: o campo-sonhante-intersubjetivo da clínica psicanalítica no qual analista e analisando podem lavrar a terra, semear o solo e colher as *reveries*.

Para colocar luz nas novas safras de pensamentos teórico-clínicos sobre as nuances do fenômeno da *reverie*, o capítulo seguinte se propõe a apresentar as correntes produções acerca do tema. Elencamos as formulações de Thomas Ogden, Antonino Ferro, o casal Rocha Barros, Marina F. R. Ribeiro, Giuseppe Civitarese e o casal Botella por sua relevância e originalidade, as quais terão suas particularidades apresentadas ao leitor e discutidas ao longo deste trabalho. Às ideias de cada um desses autores serão apresentadas "pictografias analíticas", termo criado para descrever o cerzir teórico-clínico, tecido pelos conteúdos imagéticos e sensíveis dos fenômenos clínicos, entremeado com os lampejos conceituais, enredando algumas especificidades sobre os processos intersubjetivos que circundam a análise.

3. O cerzido teórico-clínico da *reverie* nas formulações de autores contemporâneos

Figura 2 Constelações, Joan Miró (1941).[1]

1 Miró, Joan. *Constelações*. 1941. Óleo sobre tela, 244 x 200 cm. Museu Nacional Centro de Arte Reina Sofía, Madrid, Espanha.

O universo não é uma ideia minha. A minha ideia do universo é que é uma ideia minha. A noite não anoitece pelos meus olhos, a minha ideia da noite é que anoitece por meus olhos.

Fernando Pessoa, 2000

A arte da psicanálise se faz no encontro. Analista e analisando se apresentam, cada qual com seus pincéis, tintas, inspirações e bagagens particulares, e a cada sessão de análise ambos estão ali, inaugurando a oportunidade para a criação de uma obra conjunta, realizada nessa relação inédita em que ambos são colocados diante do enigmático da experiência. Assim, cada momento analítico se apresenta como uma tela em branco, compartilhada, um espaço para a criação.

Para fazer uma alusão ao artístico vivenciado na relação analítica, este capítulo pretende mesclar teoria e clínica, pincelando as ideias de cada um dos autores estudados e harmonizando-as às nuances das experiências emocionais vividas em análise. O encontro analítico é essa tela de dimensão infinita, na qual teorias e conceitos são tracejados para delimitar contorno ao colorido (ou ausência de cor) da experiência emocional. A teoria psicanalítica é o que dá forma ao fenômeno clínico e, nesse processo sensível e artístico, teoria e clínica ampliam-se, pois assim como o inconsciente, a psicanálise é viva, dinâmica e infinita.

Foram elencados para este trabalho autores que têm se dedicado a produzir importantes articulações acerca do fenômeno da *reverie* na clínica psicanalítica contemporânea, que geram ressonâncias, aproximações e deslizamentos conceituais e clínicos. Esses autores são: Thomas Ogden, Antonino Ferro, o casal Rocha Barros, Marina Ribeiro, Giuseppe Civitarese e o casal Botella. Autores que iluminam um determinado viés da experiência clínica da *reverie* a partir de seu referencial e arcabouço teórico próprio. Suas formulações, além de historicizar os conceitos, geram um diálogo rigoroso e ético, que ressoa no extenso, vivo e criativo campo teórico psicanalítico:

> *[...] as teorias psicanalíticas tendem a se expandir, cabendo ao analista a tarefa, cada vez mais complexa, de construir uma trama conceitual própria, e que faça sentido e sustente a sua experiência clínica a cada momento. [...] Um autor, no campo da psicanálise, talvez seja aquele que tem a habilidade de captar, conceitualizar e narrar fenômenos clínicos e, além disso, articulá-los com os paradigmas teóricos existentes, criando novas tramas conceituais, novos atravessamentos de paradigmas. [...] é nas sutilezas do texto que podemos encontrar esses deslizamentos de sentidos que favorecem a construção de novos conceitos com pregnância clínica. (Ribeiro, 2020, p.64)*

Assim, o propósito é acompanhar e tornar públicas as formulações contemporâneas que têm circulado acerca do fenômeno da *reverie* e abrir caminhos para novas reflexões na imensidão teórico-clínica psicanalítica.

Para que os aspectos teorizados por esses autores possam ser realçados, serão acrescidos a eles alguns fragmentos da situação analítica vivida com Paulo, caso clínico apresentado na abertura deste trabalho. Tais narrativas buscam descrever os elementos imagéticos e sensitivos captados nas *reveries* com o analisando e, dessa maneira, os conceitos vão avivando o tom da experiência clínica.

A montagem de tais recortes será denominada "pictografias analíticas", termo proposto e pensado a partir do significado da palavra pictografia, da qual, em sua origem grega, *pictus* significa pintado e *grafe*, descrição. As pictografias analíticas serão, portanto, uma forma de descrever narrativas que possam também ser captadas pelo leitor, assim como foram criadas, pintadas e impressas, oniricamente, na tela mental da pesquisadora-analista, e que exprimem ideias e pensamentos intersubjetivamente construídos na situação analítica. Assim, entre penumbra e centelhas, a experiência da *reverie* vai ocupando um importante espaço no processo analítico.

3.1 *A tessitura da* reverie *e suas pictografias analíticas: um ponto, alguns alinhavos*

O pensamento é uma coisa
existindo na imaginação
antes de ela se tornar real.
A mente é o útero.
A imaginação a fecunda.
Forma-se um feto: o pensamento. Aí, ele nasce!

Rubem Alves, 2007

Eis que um pensamento nasce! Na epígrafe, extraída do livro *O que é científico*, Rubem Alves (2007) parece descrever um processo muito semelhante ao nascimento da *reverie* enquanto conceito: a partir da embrionária menção bioniana, germinaram pensamentos sobre esse fenômeno humano, vivo e pulsante, que desde sua primeira aparição em campos psicanalíticos já era uma "coisa existindo na imaginação antes de ela se tornar real".

Fecundada pela imaginação, essa coisa imprecisa e fugaz, a *reverie*, foi sendo gestada por várias mentes-útero, cada qual fornecendo ao embrião elementos que o nutriram em um determinado ponto específico para que o feto crescesse, se formasse e, depois, nascesse! Pensamento concebido a partir de diversas conexões. Mentes-útero que gestaram, juntas, complementar e mutuamente, esse rebento.

Apresento ao leitor algumas dessas mentes que concederam corpo-teórico para que a *reverie* pudesse ser gestada e concebida enquanto conceito: Thomas Ogden, Antonino Ferro, o casal Rocha Barros, Marina Ribeiro, Giuseppe Civitarese e o casal Botella. Entre tantos outros pensadores que participam ativamente desse processo, os autores aqui citados foram privilegiados, pois suas formulações ofereceram importantes nutrientes, essenciais para que o pensamento-*reverie* pudesse se desenvolver e se tornar o que é, ou melhor, o que "vem sendo", dado o movimento constante e a circularidade criativa que permeiam tais pensamentos.

Ainda no mesmo poema da epígrafe, Rubem Alves diz: "Não sou filósofo porque não penso a partir de conceitos. Penso a partir de imagens. Meu pensamento se nutre do sensual. Preciso ver. Imagens são brinquedos dos sentidos. Com imagens eu construo estórias" (p. 83). De modo semelhante, o caminho da *reverie*, de um protoconceito em Bion a um conceito com vida própria, ainda que entremeado por teorias pregressas, é trilhado essencialmente por imagens, que abriram espaço para que novas ideias fossem desenhadas. E como um desenho surge, senão pela imaginação? O poeta diz pensar a partir de imagens. E não é exatamente essa a origem mesma do pensar? Toda organização de pensamento parte, inicialmente, de uma atividade alucinatória, que "se nutre do sensual". Ou seja, precisamos, todos, imaginar e, com esses "brinquedos imagéticos", construir novas ideias, pensamentos e teorias.

Partindo, portanto, da ideia de que a *reverie* seguiu, desde Bion, e foi sendo criada pelos pensamentos imaginativos dos autores pós-bionianos, podemos considerar que houve a tessitura de um conceito a partir de um ponto em que a sutura é firme, ou seja, marca um lugar na vasta malha psicanalítica, e daí em diante inicia-se, artesanal e criativamente, a construção de um conspícuo bordado, composto por alinhavos feitos a muitas mãos.

Podemos sugerir que essa costura se faz ininterruptamente, e, mesmo que entre os pontos não se evidenciem grandes vãos, há claramente entrelinhas, algumas brechas, certos atravessamentos, bem como alguns leves desvios. Assim, os diferentes vértices propostos pelos autores apresentados favorecem uma compreensão mais ampla da *reverie*, tanto conceitualmente como em sua implicação clínica. Nessa direção, é necessário discutir como o conceito de *reverie* vem sendo ampliado teoricamente no que concerne à experiência clínica.

Essa investigação não almeja comparar os vértices teórico-conceituais engendrados pelos autores pesquisados a fim de encontrar uma unicidade, demarcar fronteiras ou ainda decifrar a experiência da *reverie*. Ao contrário, intenta-se aqui ampliar o olhar para uma maior compreensão desse fenômeno vivo e complexo, eminentemente intersubjetivo, que abarca uma infinidade de experiências emocionais para a dupla analista/analisando.

Desse modo, em vez de elencar dissonâncias e aproximações entre as visões dos autores estudados, escolho seguir por outro caminho, como sugerido na poesia de Rubem Alves: deixar-me guiar pelas imagens para alcançar o pensar. Isso posto, a partir da experiência clínica, buscamos alcançar o pensamento nas mentes-útero que forneceram, por diferentes vértices, um corpo teórico dentro do qual a *reverie* encontrou abrigo.

Não cabe aqui uma costura do conceito de *reverie* no sentido da obtenção de um acabamento perfeito, com pontos fechados, bainhas em *overlock* para que não desfiem, ou ainda bordas milimetricamente refiladas, a fim de que tudo fique plano e alinhado. A ideia, pelo contrário, é ressaltar que a tessitura desse conceito se faz nas (e das) "entre-linhas", a partir dos diferentes vieses propostos pelos autores apresentados, que nos ajudam a ampliar a compreensão do fenômeno.

Na esteira das ampliações teórico-clínicas, a ideia deste capítulo é apresentar um mapa do encontro entre teoria e clínica, convidando o leitor a compreender melhor as especificidades da montagem das "pictografias analíticas" apresentadas ao longo deste trabalho. Cabe dizer que cada autor me ajudou a pensar um determinado fragmento clínico, a partir das particularidades teóricas de suas ideias.

O cerzir teórico-clínico na experiência com Paulo foi tecido por diferentes vieses, e as particularidades das formulações de cada autor estudado favoreceram a compreensão dos processos que envolvem o fenômeno. Desse modo, encontramos na teoria o esteio para que algumas especificidades dos processos intersubjetivos que circundam a análise pudessem ganhar forma. Como tal, a teoria dá corpo às experiências, e a clínica dá vida à teoria.

3.2 Thomas Ogden: a reverie *e o conceito de terceiro analítico intersubjetivo*

Há quem diga que todas as noites são de sonhos. Mas há também quem garanta que nem todas, só as de verão. No fundo, isto não tem muita importância. O que interessa mesmo não é a noite em si, são os sonhos. Sonhos que o homem sonha sempre, em todos os lugares, em todas as épocas do ano, dormindo ou acordado.

William Shakespeare, 2016

O pensamento de Thomas Ogden, bem como sua transmissão, tem um estilo próprio. Sua autointitulada "escrita analítica" (2010) convoca o leitor a abstrair confluências teóricas e propor atravessamentos paradigmáticos mantendo a originalidade de autores importantes da psicanálise clássica, sem querelas, com ideias pertinentes, autorais e muito bem articuladas.

Já nas páginas inaugurais de seu livro *Reverie e interpretação: captando algo humano* (2013), o autor lança uma provocação, quando diz que palavras e frases apresentam um certo deslize, bem como as pessoas. Esse comentário aponta para a experiência que o autor pretende promover em seu leitor ao longo de seus escritos: a liberdade para deslizar entre palavras e ideias, permitindo-se uma certa dose de imprecisão.

Ogden lança a ideia de que, na tentativa de apreender e/ou transmitir o que significa a delicada e imprecisa interação entre a vitalidade e a desvitalização no *setting* analítico, a psicanálise precisa ser livre para atingir e captar algo humano. Para isso, assim como as palavras na linguagem, a psicanálise precisa ser livre, viva e em constante transformação.

O autor adverte que o esforço por definir, precisar ou fixar ideias pode causar um efeito asfixiante e pede que o leitor deslize por entre palavras, termos e sentidos, a fim de formar arranjos novos a cada experiência letrada. Dessa maneira, a leitura soa com liberdade na mente de quem lê e lhe atribui significados que podem ser alterados e afetados a cada novo contexto.

O uso das palavras, bem como a compreensão que fazemos delas quando as ouvimos ou lemos, precisam ser vivos. Para Ogden (2013, p. 22), quando vivas e respirando, as palavras são como acordes musicais que ressoam melodicamente, e essa ressonância deve ser captada em toda sua imprecisão. O autor ressalta, ainda, que algo parecido deve ocorrer com a psicanálise, pois a escuta analítica deve transpor o ato de apenas interpretar palavras ou ideias (que equivale a um mero tocar/ouvir notas isoladas) e se abrir para uma composição mais amplificada, em que os acordes ganhem a tessitura de uma sinfonia.

Daí a ideia de que às palavras e às pessoas deve-se atribuir uma certa dose de imprecisão, pois ambas são vivas e estão em constante movimento. Fixá-las e estigmatizá-las as transformaria em efígies desvitalizadas. O analista que o faz perde a capacidade de captar o humano da experiência. Eis a principal tarefa da escrita analítica: criar uma linguagem para apreender a vitalidade humana. Dessa forma tão particular de escrever psicanaliticamente, Ogden, considerado um teórico transmatricial[2], dialoga fluidamente com arcabouços teóricos distintos,

2 Coelho Jr. e Figueiredo (2018) postulam a existência de matrizes na psicanálise, que se referem a formas de adoecimento e suas estratégias de cura. Os autores apresentam duas grandes matrizes: a freudo-kleiniana e a ferencziana. Na matriz freudo-kleiniana, o sofrimento, as angústias e as defesas se dão por ativação e, na matriz ferencziana, por passivação. As ideias de Bion circulam pela matriz freudo-kleiniana e as de Winnicott, pela ferencziana, porém as ideias de ambos constituem uma terceira matriz, denominada transmatricial, composta por autores contemporâneos que transitam de forma articulada, ética e criativa entre as duas grandes matrizes. Thomas Ogden é um dos grandes representantes transmatriciais, por transitar de maneira tão harmônica e fecunda entre arcabouços teóricos

respeitando a base de cada pensamento e permitindo-se deslizar pelos conceitos e cultivar sua própria recomendação: a imprecisão.

A leitura ogdeniana nos permite sentir o frescor de um encontro aprazível com uma concepção de psicanálise viva, criativa e que deve ser, segundo o autor, acima de tudo, interessante. Ele diz: "para ser interessante, uma psicanálise deve ser livre para 'exercitar-se', para modelar-se e ser modelada de qualquer jeito que os participantes tenham condições de inventar" (2013, p. 25). Logo, sobre a psicanálise que se atém ao apego teórico, ele apresenta sua crítica ao postular:

> *Quando a análise está viva, ela naturalmente, por períodos de tempo, conduz-se como um experimento que saiu das margens bem traçadas da forma prescrita; é uma discussão alimentada pela curiosidade e pela variedade de tentativas; é um empreendimento que depende da troca genuína de pontos de vista e da comparação de posições. A análise que se transformou em configuração rotineira, em que o "conhecimento" é transmitido do analista para o analisando, é desinteressante; já não é mais um experimento, pois as respostas, ao menos esquematicamente, são conhecidas desde o início. (Ogden, 2010, p. 25)*

E é por essa perspectiva, de que a análise precisa ser uma experiência viva, interessante e humana, que as ideias de Thomas Ogden merecem destaque neste trabalho, pois é nesse espaço livre e continente que a intersubjetividade[3] se faz presente: no encontro. Para o

---

distintos, mantendo o rigor de cada teórico e formulando novas conjecturas a partir deles. Também são considerados autores transmatriciais André Green, Antonino Ferro, Anne Alvarez, Bollas e Roussillon.

3 Para Ogden (1996), o termo intersubjetividade está relacionado à noção de terceiro analítico (que veremos mais detidamente adiante). Esse terceiro é fruto da interação das mentes de analista e analisando, produto de uma dialética criada pelas (e entre) as separadas subjetividades de cada um destes no encontro analítico. A

autor, as experiências intersubjetivas estão carregadas de identificações projetivas e compõem o mais importante material da análise.

Embasado na obra bioniana, Ogden (2013, p. 38) ressalta a ideia de que o analista (como a mãe, para Bion) mantém vivo e, mais ainda, de certo modo traz à vida tais aspectos projetados pelo analisando (e analogamente, em Bion, pelo bebê), por meio de uma continência bem-sucedida. Dessa forma, a experiência da *reverie* tem uma grande relevância para o trabalho analítico, visto que é por meio desse estado de mente que a análise pode acontecer.

O autor compreende que a vitalidade e a desvitalização têm um papel fundamental e norteador na dialética da situação analítica e sugere que nosso psiquismo busca incessantemente experiências em que possamos nos sentir mais plenamente humanos, isto é, capazes de experienciar a vida genuinamente, com suas dores, paixões, medos e inquietações.

A fim de esclarecer o que significa ser plenamente humano, Ogden cita uma passagem do livro *Fausto*, de Goethe (1808), na qual o protagonista faz um pacto com o diabo. Em troca de sua alma, recebe de Mefistófeles um acesso irrestrito aos prazeres proibidos e satisfação de suas fantasias. Mas Fausto não aspirava à imortalidade, nem privilégios sobre-humanos; ao contrário, ele buscava justamente viver a experiência humana em si, mergulhando nas torrentes de um mundo e de um tempo cheios de acontecimentos.

A analogia à tal obra-prima alemã concatena com a ideia do que representa, em análise, ajudar o analisando a se tornar mais plenamente humano. Ogden prossegue trazendo uma passagem em que Fausto explicita seu desejo dizendo:

intersubjetividade ogdeniana seria, portanto, essa terceira subjetividade no campo gerado por ambos – é tanto o ponto de chegada de duas mentes que trabalham juntas, quanto aquilo que permite esse funcionamento.

> *quero que meu ser mais profundo compartilhe o destino de toda humanidade, que eu entenda seus altos e baixos, preencha meu coração com todas as suas alegrias e tristezas, e amplie meu ser com o deles e, como eles, sofra naufrágios também. (Goethe apud Ogden, 2010, p. 46)*

A tarefa analítica, portanto, envolveria fundamentalmente "o esforço do par analítico para ajudar o analisando (não só ele, mas a dupla) a se tornar humano em um sentido mais amplo do que o que ele conseguiu até o momento" (Ogden, 2010, p. 30). Nessa acepção, para que o analista possa desempenhar o importante trabalho de auxiliar seu analisando a tornar-se mais humano, ele precisa estar implicado na tentativa de ajudá-lo a ampliar sua gama de emoções, sensações e pensamentos, gerados a partir das relações estabelecidas, tanto no passado quanto no presente, com outros humanos, inclusive o próprio analista.

Em contrapartida, Ogden enfatiza que é o destino de toda a humanidade a incapacidade de ser plenamente humano, pois seguimos fazendo "pactos" silenciosos (na maioria das vezes inconscientes) em uma tentativa ilusória de vivermos uma vida "inumana". Esses acordos que fazemos conosco são, segundo o autor, "fatos psíquicos em que trocamos, por exemplo, liberdade por segurança, vitalidade por certeza" (Ogden, 2013, p. 33). Afirma que somos incapazes de mantermos nossa sanidade e, ao mesmo tempo, vivenciarmos nossa mortalidade. A partir dessa perspectiva, Ogden sustenta a ideia de que "é nesse esforço de sermos plenamente humanos que estamos vivos enquanto analista e analisando; é nesse experimento que vive a arte da psicanálise" (Ogden, 2013, p. 34).

O pensamento ogdeniano transmite, portanto, a ideia de que o objetivo da análise está muito além da resolução de conflitos intrapsíquicos ou da redução de sintomatologia. Para Ogden (2013), "a experiência de se sentir vivo é uma capacidade superior às outras e deve ser considerada como um aspecto da experiência analítica por si mesma" (p. 39). Desse modo, a grande tarefa da análise é favorecer a experiência de estar vivo, pois esta implica uma forma de dor psíquica que muitas vezes tememos não suportar.

O analista precisa estar disponível para auxiliar seu analisando na difícil experiência de viver enquanto humano, em toda sua complexidade. Nota-se nas ideias de Ogden (2013) uma abertura para infinitas possibilidades referentes às experiências vividas na sala de análise, pois, segundo ele, não há limites, seja em amplitude, complexidade e intensidade de sentimentos e pensamentos, para o que se pode tentar em análise, enquanto analista e analisando.

Nesse contexto, ele postula a relevância da *reverie* como um desses fenômenos vividos na relação analítica. Por meio dela, colocamo-nos em um estado de disponibilidade capaz de nos mantermos, enquanto analistas, receptivos para acessar os conteúdos inconscientes do analisando. A *reverie*, tal como pensada na clínica, é relacionada por Ogden à composição homônima de Debussy[4], pois acredita que a música acontece no espaço entre as notas e, da mesma forma, na psicanálise, o diálogo analítico ocorre entre os espaços das palavras ditas. É nesse interstício que ocorrem as *reveries*.

Segundo Ogden (2013), as *reveries* podem ser vividas como ruminações, devaneios, sensações, percepções, fantasias e imagens que nascem a partir do encontro intersubjetivo. Assim, dificilmente essa experiência é discutida de modo coletivo, justamente por se tratar de aspectos não só do paciente, mas do próprio analista, conteúdos muitas vezes desconcertantes e até mesmo constrangedores. Desse modo, o analista muito comumente pode ter dificuldade para fazer uso dos

---

4 Claude Debussy (1862-1918) foi um importante músico francês que, com seu estilo poético e impressionista, escreveu uma composição para piano chamada *Rêverie*, cuja melodia tranquila cria uma dinâmica musical fluida, que remete a um estado de sonho, devaneio.

conteúdos da *reverie*, pois, ainda que seja um evento intersubjetivo, pode estar relacionada aos aspectos mais pessoais do próprio analista.

Para Ogden, a *reverie* é acompanhada de elementos sensoriais e imagéticos, que ocorrem a partir do encontro intersubjetivo. O autor reforça que o uso da *reverie* exige do analista muita tolerância ao sentimento de estar à deriva e ao desconcertante contato com o incognoscível da experiência.

O psicanalista estadunidense diz ainda que o manejo da *reverie* deve ser metabolizado, e não utilizado, por exemplo, como se faz com o conteúdo manifesto de um sonho. Ogden (2013) afirma que a experiência do devaneio raramente é "traduzível", pois quaisquer tentativas de traduções precipitadas poderiam facilmente incorrer em erro, visto seu caráter perturbador, de elementos em estado bruto. Para ele, a tentativa de interpretar imediatamente o conteúdo das ideias de nossos devaneios geralmente leva a interpretações superficiais.

> *Seu uso (*das reveries*) requer tolerância para a experiência de estar à deriva. O fato de a "corrente" de* reveries *levar o analista a algum lugar que, no final das contas, possa ter algum valor para o processo analítico é uma descoberta retrospectiva que quase nunca pode ser antecipada. O estado de estar à deriva não pode ser desvendado apressadamente. O analista deve ser capaz de encerrar a sessão sentindo que a análise está em uma pausa, ou melhor, como uma vírgula em uma sentença. (Ogden, 2013, p. 148)*

A tolerância ao estado de não saber nos mantém abertos, despertos e disponíveis diante da imprevisibilidade da sessão de análise e do desconcertante estado de estar à deriva. Desse modo, Ogden tece um importante apontamento:

> *Não saber é uma precondição para a capacidade de imaginar. A capacidade imaginativa no setting analítico é nada menos do que sagrada. A imaginação mantém aberta múltiplas possibilidades de experimentação na forma de pensar, brincar, sonhar e em todos outros tipos de atividade criativa. (2010, p. 47)*

Ainda que possa causar sensações tão inquietantes, a *reverie* é colocada por Ogden (2013) em uma condição análoga a uma bússola emocional, a partir da qual somos levados a experimentar uma infinidade de sensações e sentimentos, caminhos ainda não desbravados. Dessa forma, ainda que essa seja uma experiência quase sempre desconcertante, vivida pelo analista como uma distração, desatenção ou falha na sua função analítica, a *reverie* pode ser um importante instrumento técnico na sala de análise. Se o analista consegue tolerar o desconcerto e fazer uso dela, a *reverie*, assim como uma bússola utilizada em territórios desconhecidos, pode nos guiar, indicando possíveis direções, destinos (ou mesmo armadilhas) no imprevisível e exclusivo percurso criado no encontro analítico.

Na visão ogdeniana, a *reverie* se apresenta de uma forma extremamente pessoal, íntima, trazendo para o *setting* elementos da vida particular cotidiana do analista. Ela abrange temas corriqueiros e mundanos que, ainda que pareçam devaneios referentes exclusivamente ao mundo interno do analista, são considerados intersubjetivos, pois são criados a partir da dupla, analista e analisando. Ogden confere, assim, uma concepção dialética[5] da situação analítica, na qual analista e analisando, juntos, criam uma intersubjetividade inconsciente.

---

5 Para Ogden (1996), dialética é um processo no qual elementos opostos se criam, preservam e negam uns aos outros, cada um em relação dinâmica e sempre mutativa com o outro. O movimento dialético tende para integrações que nunca se realizam por completo (p. 12).

No que se refere à técnica, o autor acredita que, para que analista e analisando possam viver o estado de *reverie*, é necessário que haja privacidade, devido à sua importância para as associações e a vivência dos aspectos inconscientes da experiência. Ele exprime a ideia do uso do divã como um instrumento valioso, que favorece as condições necessárias para que a dupla analítica possa ter privacidade suficiente para embarcar em uma área de "sobreposição", referindo-se à leitura winnicottiana sobre a área do brincar (Ogden, 2013, p. 111). Desse modo, o autor conclui que o uso do divã favorece a sobreposição das áreas do brincar (e do sonhar), do analista e do analisando, que é, segundo Winnicott, onde a psicoterapia ocorre. Ogden acrescenta que, em sua experiência clínica, quanto maior o número de sessões, maiores são as condições para se gerar estados sobrepostos de *reverie* do par analítico.

Em uma leitura aprofundada sobre as ideias de Freud, Ogden (2013) ressalta que este privilegiava a privacidade do uso do divã (para o analista) como um facilitador da construção de condições geradoras de *reveries*, e cita uma importante passagem em que Freud diz que estar fora do campo visual do analisando permitia-lhe entregar-se à sua corrente de pensamentos inconscientes, criando espaço para um "brincar" mental. Thomas Ogden diz que a análise deve incluir essencialmente tentativas de facilitar o processo, favorecer o "fluxo" (referindo-se à ideia freudiana de que o analista deve colocar seu próprio inconsciente na função de receptor do fluxo do inconsciente do seu analisando).

Ainda que Ogden perceba a relevância do uso do divã como facilitador das condições para as *reveries*, ele também alerta para o caráter antiterapêutico de um analista forçar o seu uso quando, para o analisando, ele se torna, em alguns momentos da análise, demasiado atemorizante. Sob a mesma perspectiva, Ogden (2013) retoma a "regra fundamental", propondo que esta, tal como postulada por Freud em 1900, 1912 e 1913, não corrobora com a criação de condições que ele julga imprescindíveis para que as *reveries* sejam geradas. Em vez disso, impede a criação do processo analítico.

Para o autor, é preciso que o analisando tenha liberdade para falar se e quando desejar. Segundo ele, na análise, não se deve "exigir" que o analisando fale tudo o que lhe vier à cabeça, pois tanto ele quanto o próprio analista devem estar sempre livres para se expressarem em palavras, sensações, bem como falar um com o outro. Dessa maneira, mais importante do que, do lado do analisando, a associação livre, e do analista, a interpretação do inconsciente e da transferência, Ogden acredita que se deve priorizar o interjogo entre as subjetividades de analista e analisando e a criação de um espaço onírico intersubjetivo (2013, p. 38).

A partir dessa releitura da regra fundamental em Freud e tomando por base as formulações de autores consagrados (como Bollas, Casement, Meares, Mitchell e Stewart), Thomas Ogden nos descreve uma psicanálise baseada no não aprisionamento hermético da neutralidade e mostra a relevância de o analista ser livre e espontâneo em sua função analítica, esta sendo embalada por sua própria experiência na situação de análise.

Assim, o autor reitera a visão de Winnicott de que a técnica analítica deve ser composta pela tensão produtiva entre privacidade e relação interpessoal, apresentando a ideia de que comunicação e privacidade devem ser consideradas dimensões da experiência humana, que criam e preservam a vitalidade na experiência analítica.

A sessão deve ser pensada a partir das emoções geradas, e não propriamente do que é dito por associação livre, ou pelo conteúdo das *reveries*. Nesse sentido, o que há de mais importante no processo é a proximidade intersubjetiva, o que é captado da experiência emocional entre analisando e analista, permitindo então a transformação de elementos psíquicos ainda não metabolizados e passíveis de serem pensados pela dupla analítica.

Em seu livro *Os sujeitos da psicanálise*, de 1996, Thomas Ogden introduz o conceito de "terceiro analítico intersubjetivo", que se refere à interação das subjetividades do analista, do analisando e de uma terceira subjetividade, o terceiro analítico, que seria uma criação conjunta do analista e do analisando, ao mesmo tempo que analista e analisando são criados pelo terceiro analítico. Ribeiro (2019a) faz uma interessante analogia, inspirada no paradoxo winnicottiano, de que a mãe é descoberta e encontrada pelo bebê. A autora propõe que a *reverie* pode ser compreendida como criada e encontrada pelo terceiro analítico. Por mais que haja uma extrema intimidade e inter-relação, o terceiro analítico é uma construção assimétrica, definida de maneira criativa, porém ética e responsável, entre os papéis do analista e do analisando.

Sabemos que a psicanálise se faz a cada sessão, no tempo e no espaço de cada encontro intersubjetivo, sendo o *setting* a moldura que favorece o enquadre de todos os elementos e conteúdos ali criados, em comum, por analista e analisando, em um campo que Ogden prefere chamar de "transferencial-contratransferencial", campo da terceira subjetividade. Para o autor, "transferência-contratransferência" é o termo mais adequado para elucidar os elementos inconscientes na sessão, pois o autor refere que estes são gerados conjuntamente, em uma construção inconsciente intersubjetiva do par analítico, no (e pelo) terceiro analítico. Assim, Ogden sustenta que não se pode considerar transferência e contratransferência como entidades separadas, que somente existem em resposta uma à outra, mas, sim, devemos considerá-las como aspectos de uma totalidade intersubjetiva que são vivenciados simultaneamente por analista e analisando.

Por meio da (e imerso na) experiência do terceiro, o analista é capaz de compreender mais amplamente os fatos intersubjetivos que ocorrem na situação de análise. Esse entendimento requer uma atenção sensível e um trabalho do analista para que os elementos presentes no *setting* possam ser captados como conteúdos intersubjetivamente gerados pelo par analítico.

De acordo com o autor, cada encontro (mais precisamente, cada instante) é vivido como uma faceta distinta do complexo emaranhado de emoções que constituem o mundo interno do analisando e que torna cada momento analítico único, pois o processo analítico envolve constantemente novas criações de eventos intersubjetivos inconscientes que nunca existiram antes na vida afetiva, para o analista ou para o analisando (Ogden, 2013, p. 174).

Thomas Ogden também alerta que, na tarefa analisante, é necessário estarmos disponíveis para servirmos de objeto do experimento inconsciente do analisando e estarmos abertos para a possibilidade de desempenharmos diversos papéis na vida inconsciente deste. Esse estado de receptividade (berço do advento das *reveries*) abarca a entrega da individualidade/subjetividade do analista a uma terceira subjetividade analítica, que não é nem a do analista, nem a do analisando.

O autor diz que "oferecer-se consistentemente assim não é pouca coisa: representa um empreendimento emocionalmente desgastante em que analista e analisando 'perdem em certa medida a cabeça' (sua capacidade de pensar e de criar enquanto indivíduo separado)" (Ogden, 2013, p. 26), e ressalta que, somente após o término do processo analítico, é que ambos "recuperam" suas mentes separadas. Todavia, reitera que estas não serão as mesmas de antes, pois as pessoas de outrora já não existem mais após um trabalho de análise ser realizado. Criam-se, sim, novas entidades psicológicas transformadas no, pelo e com o terceiro sujeito analítico. Analista e analisando não podem ser compreendidos um sem o outro.

Ogden (2013) apresenta uma reflexão sobre a importância de sonharmos nossa experiência emocional. É sonhando nossos sonhos que nos tornamos capazes de mudar, crescer ou transformar o sofrimento. Para o autor, na intersubjetividade criada na análise, analista e analisando engajam-se no sentido de gerar condições para que ambos possam tornar-se mais capazes de sonhar seus sonhos não sonhados e seus sonhos interrompidos (ou pesadelos metafóricos). O sonho do analisando pode ser interrompido em um ponto no qual a capacidade para sonhar é sobrepujada pela natureza perturbadora do que está sendo sonhado. Nesse ponto, "o paciente 'desperta', isto é, deixa de ser capaz de continuar empreendendo uma elaboração psicológica inconsciente" (p. 44). Segundo Ogden (2010), essas são experiências emocionais com as quais o analisando necessita realizar um trabalho psicológico inconsciente mais profundo sobre si mesmo.

Os sonhos sonhados pelo analisando e pelo analista no decorrer de uma análise são, ao mesmo tempo, oriundos de cada subjetividade e do terceiro analítico. Isso permite ao analista ter uma maior profundidade em relação aos conteúdos internos de seu analisando e dizer-lhe algo que seja verdadeiro para a experiência emocional (consciente e inconsciente) naquele dado momento. Trata-se, portanto, de um sonhar compartilhado, por meio do qual pode-se existir mais plenamente. Como afirma Ogden (2010, p. 44), quando "somos capazes de sonhar nossa experiência, somos capazes de gerar uma resposta emocional a ela, aprender com ela e ser mudado por ela".

Destarte, por meio dessa relação de intimidade e confiança encontrada na experiência analítica, os conteúdos conscientes e inconscientes da mente do analisando podem ser projetados para a mente do analista (identificações projetivas) a fim de serem metabolizados. Assim ocorre a *reverie*, experimentada por ambos, na vivência do terceiro analítico.

O autor diz: o "momento produtivo entre sonho e *reverie*, entre *reverie* e interpretação, entre interpretação e vivência no (e do) terceiro analítico são, para mim, o cerne daquilo que é único no sentimento de vitalidade de uma experiência analítica" (Ogden, 2013, p. 138). Ele afirma que aquilo que ocorre na sala de análise tem uma importante qualidade: a direcionalidade oriunda do fato de que a psicanálise é, antes de mais nada, um empreendimento terapêutico com o objetivo de aumentar a capacidade do analisando de estar vivo para vivenciar ao máximo a experiência humana.

A partir dessa visão, fica claro o quão essencial se torna o espaço analítico para a experiência de ser e estar vivo. O trabalho clínico nos convoca a sermos sensíveis e disponíveis, o que possibilita a abertura de caminhos para uma vivência vitalizadora. Por meio de uma psicanálise viva e fluida, Ogden nos coloca diante de uma clínica implicada, a partir de uma presença e de uma escuta receptivas à experiência analítica.

Pictografando as *reveries* do (e no) terceiro ogdeniano

Figura 3 *Irmãos*, Paul Klee (1930).[6]

A linguagem do sonho não está nas palavras, mas sim antes delas. Nela, as palavras são produtos acidentais do sentido, no qual se encontra a continuidade sem palavras de um fluxo. O sentido se esconde dentro da linguagem dos sonhos na maneira em que o faz uma figura dentro de um desenho misterioso.

Walter Benjamin, 2012

6 Klee, Paul. *Irmãos*. 1930. Aquarela e tinta sobre papel, 18,8 x 26,7 cm. Zentrum Paul Klee, Berna, Suíça.

Num tom cambiante entre surpresa e espanto, Paulo me interrompe: "Tive a sensação de que sonhei que você me falava exatamente isso. Que sensação estranha! Não me lembrava disso antes, mas me lembro agora... Só pode ter sido em algum sonho". No hiato de tais palavras, minha mente divaga e penso: "Chamemos, pois, de sonho, Paulo!". Era algo que estava ali, mesmo antes de ser dito. Um pensamento sem pensador, em termos bionianos, algo que é primeiro sonhado, depois vivido. Não eram mais os meus sonhos ou os dele. Não era possível discernir o que vinha da analista ou do analisando. Sonhávamos a dois. Sonhávamos a sessão.

Surpresa, assombro, revelação. Um devaneio, um sonho. Mas de quem? Dele, meu, nosso. Sim, um sonho sonhado por ambos. Compartilhado, sem ter sido verbalizado. Comunicação fluida, que ressoa, ainda que sem palavras. O indizível, impensável, sendo ouvido, metabolizado. A pictografia captada neste fragmento clínico está relacionada ao que Ogden define como uma nova subjetividade criada pelas subjetividades de analista e analisando: o terceiro analítico intersubjetivo. Essa entidade dinâmica é vivida como uma experiência em constante tensão dialética com a intersubjetividade gerada no (e pelo) par analítico.

De acordo com Ogden, é "através da vivência (assimétrica) do terceiro analítico pelo analista e analisando que o 'fluxo' do mundo objetal interno do analisando é entendido e (finalmente) simbolizado verbalmente" (2013, p. 140). O devaneio do analista é a captação de algo não dito, algo que se apresentava nas entrelinhas do discurso, e justamente no "entre" a ideia pôde ser sonhada e posteriormente, pensada, por ambos.

"Indicaram-me que a análise fosse feita com voc..."

Súbito, embaraçado, um chacoalhar frenético e tenso da cabeça que vem imediatamente seguido por uma apressada correção: "... quer dizer, por você".

"Com você"... Duas palavras tão simples e pequeninas que, de maneira vibrante, ecoavam em minha mente. Surge a imagem da criança devaneada nos primeiros minutos do encontro com Paulo, a criança cuja mãe não estava presente para a primeira sessão. Então Paulo não era o pai, e sim a suposta criança? Um rascunho desorganizado de um pensamento, rarefeito e desconexo, criava-se no imaginário da analista. Pensamento disforme, não simbolizado, mas que vagava ali, naquele espaço, entre aquelas mentes... Um pensamento tentando ser encontrado.

A criança que emergia em minha mente, ao mesmo tempo em que me confundia e me fazia tentar evitá-la, parecia que também se tornava cada vez mais vívida, cativante, e ia despertando em mim uma cadeia de emoções de uma afetividade curiosa e, até então, incoerente.

Nos primeiros instantes do encontro, ali na sala de espera, enquanto Paulo se (des)ajeitava para me acompanhar, havia curiosamente, em mim, um sentimento de contemplação... Como se eu assistisse a um bebê tentando dar os primeiros passos, cambaleante, desatinado. Permaneci ali, contemplando aquela imagem: Paulo-menino, a criança em Paulo.

Lá estava eu, encapsulada pela intensidade inebriante (e, ao mesmo tempo, perturbadora) daquele devaneio. Achei por bem tentar desviar-me desses pensamentos tão estranhamente convidativos e decidi, voluntariamente, voltar-me para Paulo, conforme aquele que se apresentava concretamente à minha frente, adulto ou criança, não importava mais compreender. Era urgente apenas que eu fosse capaz de estar disponível e receptiva a um ser humano que ali estava.

No decorrer do processo analítico de Paulo, sem pressa e tolerando a não compreensão imediata das ideias e imagens criadas por meio das *reveries*, a relação analítica foi sendo experimentada como real e segura. A partir de um percurso experimentado em um espaço vitalizado e continente, começa a ser possível atribuir um sentido para o desatino de Paulo ao pronunciar "com você", tão precocemente, em uma relação ainda inicial e sem intimidade.

Eram muitas as marcas de experiências vividas e não simbolizadas por Paulo. Memórias não inscritas em seu psiquismo, pensamentos ainda não pensados, devido à brutalidade e à violência do desamparo. Uma mãe ausente e desprovida de amorosidade, um colo que não lhe abrigava, que não continha seu corpo, suas emoções. Marcas que lhe causavam muita dificuldade e resistência para, de fato, "estar com", para entregar-se a um outro colo e poder confiar que haveria neste uma continência. Um novo colo do qual ele não mais escorreria líquido, disforme, mas que, ao contrário, poderia, enfim, manter-se com contornos e afetos.

Mesmo em meio ao medo e às resistências, havia algo naquele espaço "entre" nós, desde o primeiro instante. Uma abertura para uma comunicação inconsciente intersubjetiva, um estado de receptividade de minha mente que fora experimentado precocemente por Paulo, sem que ele o percebesse. Mas já havia um terceiro. Um sujeito criado por analista e analisando e que, ao mesmo tempo, os criava. Um terceiro elemento em tensão dialética entre as subjetividades isoladas da analista e do analisando.

E Paulo era, sim, uma criança que se apresentava a mim naquela primeira sessão. Um infante assustado, apreensivo com o que ocorreria no encontro. Acuado e ao mesmo tempo ávido, entregando-se a ele. Acertamos a pega, e Paulo pôde entender que eu estava ali "com ele" e "para ele". Minha disponibilidade para o encontro foi criando uma confiança no enquadre e estabelecendo as associações que foram surgindo.

Nas palavras de Ogden:

> *A técnica analítica é guiada pela tentativa de falar ao analisando a respeito do que é, tanto para o analista quanto para o analisando, estarem um com o outro naquele momento, e isso ressalta a tentativa de descrever os medos mais urgentes que estão dando forma/restringindo*

> *a capacidade do analisando de experimentar o momento de maneira mais plenamente humana. (2013, p. 196)*

E é, portanto, na vivência do terceiro analítico intersubjetivo, por meio da abertura e receptividade que o analista disponibiliza para sua escuta, que a sonoridade entre as notas, os ecos entre as palavras, o indizível e o impensável podem ser sonhados. E quando se pode sonhar, pode-se viver a própria experiência emocional, aprender com ela e transformá-la.

Seguindo os pespontos imprecisos e criativos de Thomas Ogden

Iniciemos por elucidar a escolha de Thomas Ogden para auxiliar a vislumbrar o que de mais evidente continha no fragmento apresentado. Nesse recorte, ressalto dois pontos principais da experiência com Paulo que fizeram de Ogden um autor cujas ideias nos ajudam a pensar a situação analítica.

O primeiro ponto que conecta o fenômeno clínico às ideias de Thomas Ogden foi o extremo e nítido estado de desconforto da analista quando esta alucina uma criança. Uma intensa turbulência emocional rondava, teimosa, a mente da analista durante a sessão. Aquela imagem pairava, fazia-se presente. Ainda que extremamente desorganizadora, era possível experimentar, simultaneamente, uma sensação de que aquilo me apontava uma direção.

Aquela criança criada em minha mente retornava ainda mais vívida, a cada tentativa frustrada de evitá-la ou tirá-la forçosamente de meus pensamentos. Pensamentos que vagavam, rarefeitos e desconexos entre nossas mentes... como um pensamento tentando ser encontrado.

Na tentativa de ampliar a compreensão dessa experiência, as ideias de Thomas Ogden tornam-se uma importante companhia quando embarcamos nas imagens e perturbações vividas com Paulo neste fragmento. Ogden (2013) define as *reveries* como ruminações, devaneios, fantasias, sensações corporais, percepções e imagens. Pensando com Ogden, compreendemos que a experiência da *reverie* é frequentemente vivida como desconcertante para o analista, pois é notada como uma distração, mas que pode ser usada como uma importante ferramenta técnica, como uma bússola emocional. De fato, vemos ali o devaneio da analista como a captação de algo não dito, uma ideia a ser sonhada por ambos.

Sinto que, na experiência inquietante da *reverie* com Paulo, foi necessário tolerância para a experiência de estar à deriva, como bem enfatiza Ogden (2013), pois é fundamental que o analista suporte a desordem causada pelo não saber, pelo contato com o incognoscível, para que a *reverie* pudesse ser gestada e, então, indicasse direções sobre os conteúdos do mundo interno do paciente que estavam sendo acessados a partir daquelas imagens.

Outro ponto relevante da situação analítica com Paulo que encontra em Ogden um alento teórico foi quando este diz: "Tive a sensação de que sonhei que você me falava exatamente isso. Que sensação estranha! Não me lembrava disso antes, mas me lembro agora... Só pode ter sido em algum sonho". Aqui fica evidente que estávamos tratando de algo que primeiramente precisava ser sonhado, para que posteriormente pudesse ser vivido.

Os elementos contidos neste fragmento apontam para o que Ogden define como uma nova subjetividade criada pelas subjetividades de analista e analisando: o terceiro analítico intersubjetivo. Essa entidade dinâmica é vivida como uma experiência em constante tensão dialética com a intersubjetividade gerada no (e pelo) par analítico. De acordo com o autor, é "através da vivência (assimétrica) do terceiro analítico pelo analista e analisando que o 'fluxo' do mundo objetal interno do analisando é entendido e (finalmente) simbolizado verbalmente" (2010, p. 140).

O devaneio capta algo não dito, mas que se apresentava naquele espaço intersubjetivo, compartilhado, no qual a relação analítica foi sendo experimentada como confiável e segura, dando voz à criança de Paulo, aquela a quem eu já havia sido apresentada imageticamente, "sonhante-mente" pelo terceiro analítico ogdeniano. Sim, havia um terceiro, que fora criado por ambos, e que simultaneamente nos criava. Uma terceira subjetividade em tensão dialética entre as subjetividades isoladas da analista e do analisando.

Ogden nos ajuda, portanto, a compreender melhor como tais fenômenos intersubjetivos emergem da/na vivência do terceiro analítico intersubjetivo, e nos aponta de modo enfático que essa terceiridade só é possível em um espaço de abertura e receptividade, no qual o indizível e o impensável poderão ser sonhados.

3.3 Pensamentos-palavra em busca de um narrador: Antonino Ferro e a reverie *como derivado narrativo*

Penetra surdamente no reino das palavras.
Lá estão os poemas que esperam ser escritos.
Estão paralisados, mas não há desespero.
Há calma e frescura na superfície intata.
Ei-los sós e mudos, em estado de dicionário.
Convive com teus poemas, antes de escrevê-los.
Tem paciência, se obscuros. Calma, se te provocam.
Espera que cada um se realize e consume
com seu poder de palavra e seu poder de silêncio.
Não forces o poema a desprender-se do limbo.
Não colhas no chão o poema que se perdeu. Não adules o poema.
Aceita-o como ele aceitará sua forma definitiva e concentrada no espaço.
Chega mais perto e contempla as palavras.
Cada uma tem mil faces secretas sob a face neutra
e te pergunta, sem interesse pela resposta, pobre ou terrível que lhe deres:
Trouxeste a chave?

Carlos Drummond de Andrade, 1964

"Trouxeste a chave?", a questão com a qual Drummond encerra o poema apresentado na epígrafe alude, por meio da imagem da chave, à ideia de uma abertura necessária para que algo seja revelado. Palavras usadas como chave para que o oculto venha à luz. Seria necessário um arranjo de palavras para dar alguma forma, ainda que provisória, ao enigma? Ou certas palavras, isoladamente, podem ser carregadas de sentidos reveladores por si só, como palavras-chave?

Fato é que toda palavra contém, em si, seja por causa da semântica, dos significados afetivos, históricos e culturais que ganha ao longo do tempo, um potencial para a abertura de novos sentidos. Para além dos significados encontrados nos verbetes, "em estado de dicionário", as palavras são também atravessadas pelos sentidos que acontecem no meio caminho entre quem as emite e quem as escuta. Reinauguradas por cada um que as pronuncia, as palavras precisam ser transmitidas entre corpos para ecoar e ganhar outros espaços e, assim, surgirem outros e novos sentidos. É também o silêncio acoplado às palavras que vai tecendo um pensar. Não há necessariamente uma cisão, pode haver, sim, continuidades; há espaços e sons entremeados por silêncios e palavras, que, quando achegadas umas às outras, concebem ou iluminam abstrações, engendram devaneios, produzem novas imagens.

Paralisados, como uma rocha em estado bruto, os poemas estão "sós e mudos", mas calmamente esperam por um trabalho delicado e paciente, que transforme o minério rústico e ajude a revelar as potencialidades sensíveis de sua "superfície intata". Processo escultórico pelo qual o encontro se torna a base para as possíveis transformações tanto na matéria quanto naquele que a manuseia. Por isso, não se deve forçar a extração dessa matéria, arrancando-a a qualquer custo. Antes, é necessário penetrar "surdamente no reino das palavras" e das formas, perseguindo suas "mil faces secretas" e, por vezes, esperando por elas. Se a pressa atravessar esse processo artesanal de lapidação da matéria bruta, corre-se o risco de perfurá-la, violando sua natureza tênue.

Analogamente ao poeta que alcança revelação por meio das palavras, assim também analista e analisando mergulham no universo das palavras e das formas a fim de dar sentido às experiências emocionais vividas pela dupla. Nesta mesma direção, estão as proposições de Antonino Ferro, psicanalista italiano, considerado um dos expoentes da psicanálise contemporânea e reconhecido pela riqueza de seu pensamento clínico e por sua capacidade de metaforizar a experiência analítica.

Para Ferro (2013), a *reverie* do analista é um elemento central ao campo e capaz de gerar transformações nele, o que torna suas ideias fundamentais para a discussão proposta neste livro. Imagens, sensações, sentimentos e inquietações criados no encontro analítico precisam ser calmamente contemplados. Podemos pensar que, em suas construções teóricas, o autor italiano revigora a ideia contida na poesia de Drummond de que, assim como o poeta, o analista também precisa conviver com seus "poemas" antes de escrevê-los, ou seja, tolerar o desconhecido, as inquietações que podem advir do encontro analítico: "Tem paciência, se obscuros. Calma, se te provocam. [...] Chega mais perto e contempla as palavras". Ou seja, é preciso ter paciência e disponibilidade emocional para se estabelecer uma comunicação sensível e aberta, para que as *reveries* possam ser delicadamente transformadas em palavras narradas.

Antonino Ferro (1995) compreende a *reverie* como um "derivado narrativo do pensamento onírico de vigília". Para esclarecer ao leitor o significado dessa conceituação, elucidarei inicialmente o termo "derivados narrativos" e, na sequência, buscarei deslindar a extensão do conceito de "pensamento onírico" nas ideias aqui apresentadas.

O psicanalista italiano, consonante às ideias inauguradas por Bion[7], introduz o conceito de derivado narrativo, partindo de um

7 Bion, em seu livro *Cogitações* (1992/2000), apresenta a ideia de que os elementos alfa necessitam de uma "qualidade narrativa" ou uma "forma narrativa" para que

modelo no qual as narrativas seriam as composições geradas intersubjetivamente pelo par analítico, relacionadas à maneira como analista e analisando constroem significados a partir da experiência vivida em análise, sem incisões interpretativas que, por vezes, engessam e geram fechamento, subordinando o pensamento a uma lógica advinda da mente do analista, fixando-o à ideia de que, por meio de uma interpretação, um baú será aberto e lá estará o tesouro escondido, perdido ou enterrado.

O derivado narrativo, ao contrário, expande o fluxo de pensamentos intersubjetivamente criados, transformando em palavras quaisquer elementos captados pela capacidade de *reverie* do analista. Nesse sentido, o essencial não é revelar e, sim, construir um avultar contínuo de pensamentos ainda não pensados por meio da fluência de ideias presentes no campo. A narrativa pode, assim, ser vista como uma forma de criar uma composição, via palavras, a partir dos fotogramas[8] dos elementos e sutilezas do campo.

Isso posto, não existe material captado na sala de análise que não seja relevante. Há uma infinidade de elementos ativos e presentes nas histórias ali expressas, pois o campo não é habitado apenas por analista e analisando, tampouco lidaremos somente com o mundo interno do analisando e com a relação estabelecida entre a dupla. Lidaremos, sim, com histórias e personagens que habitam cada um dos integrantes do par, suas vicissitudes e sua transmissão.

Em *O universo do campo e seus habitantes*, Antonino Ferro e o psicanalista compatrício Roberto Basile dizem que, no universo do campo emocional, estamos "na presença de personagens tridimensionais que pertencem a diferentes temporalidades e que solicitam, ou necessitam, poder subir ao palco por si sós" (Ferro & Basile, 2013,

---

possam ser processados.

8 A palavra fotograma está sendo utilizada para designar uma captação visual, uma imagem impressa, aqui, no caso, na tela mental do analista.

p. 21). Os autores sugerem ainda que o "aqui e agora" da sessão tem um papel essencial e inclui uma complexa gama de eventos atravessada pelo aspecto multigeracional.

É importante ressaltar que a relevância do aqui e agora da sessão, para Ferro e Basile (2013), não se baseia em interpretações imediatas sobre o que está se passando naquele momento da sessão. Está, sim, relacionada a uma visão de que tudo o que é trazido pelo paciente na sala de análise deve ser considerado e deverá encontrar um continente para que os derivados narrativos captados possam compor uma narrativa, construída conjuntamente pela dupla analítica.

Os autores também reiteram que o campo seria habitado por certos personagens principais, protagonistas, coadjuvantes e figurantes, os quais podem mudar constantemente de papel. Segundo os autores, os personagens humanos seriam como constelações visíveis em um céu estrelado, e o campo seria o universo, que abriga infinitos fenômenos, a maioria deles desconhecida. Ferro (1999) afirma que os "personagens das narrativas não são criados aleatoriamente, mas são parte de um conjunto de elementos gerados em uma consonância, e nesta co-narração analista e analisando dançam juntos no processo analítico." (p. 19).

A criação dos personagens é, portanto, proveniente do funcionamento mental da dupla analítica, abarcando suas emoções e seus aspectos desconhecidos (suas protoemoções). Qualquer que seja o conteúdo que o analisando apresente na sessão, ele estará descrevendo uma forma de funcionamento não apenas da sua mente, mas, sim, do campo. O campo torna-se, dessa maneira, a gleba na qual são lançados os elementos brutos, sensações e imagens, que buscam ser pensados, e, assim, cria-se uma abertura para o novo. Esse processo de metabolização de um elemento beta e da transformação dele em elemento alfa é denominado "alfa-betização" (Ferro, 1996).

A experiência emocional pode ser captada pelo analista como pictogramas[9] emotivo-sensoriais, termo utilizado pelo autor para se referir à transformação dos elementos que, em seu estado bruto, são protossensoriais e protoemocionais (elementos beta), que são captados pelo analista por meio da *reverie* e se transformam em elementos alfa por meio da função alfa do analista, a fim de que possam ser pensados.

Para Ferro (2017, p. 86), os pictogramas constituem os "tijolinhos" que edificam a fazedura do pensar, do sentir e do sonhar:

> *O elemento α é a maneira através da qual é pictografada, em tempo real, toda experiência senso-êxtero-proprioceptiva. Cada pictograma emotivo-sensorial é então colocado em sequência com outros elementos α. A sequência dos elementos α é incognoscível, a não ser através do derivado narrativo. (Ferro, 1996, p. 15)*

O analista tem aqui duas importantes e difíceis tarefas: deve primeiro estar aberto e receptivo ao ponto de se deixar capturar pelas forças do campo e, ainda que seja parte dele, ter também a capacidade de se distanciar, a fim de que, além de captá-lo, possa metabolizá-lo, propiciar uma organização da sequência dos pictogramas emotivo-sensoriais para, enfim, transformá-los em uma narrativa. Ambos, analista e analisando, poderiam, assim, transformar os elementos emocionais presentes e ativos naquele momento, dando-lhes novos sentidos. Os derivados narrativos teriam, desse modo, caráter transformador. Ferro sustenta a ideia da narrativa como um importante elemento de uma cadeia de transformações em análise.

O autor italiano, avençado à teoria bioniana, afirma que a narrativa atua, primeiramente, como uma forma continente dos elementos

---

9 A palavra pictograma, em "estado de dicionário", poderia ser descrita como um desenho figurativo, estilizado, que funciona como um signo, não transcrevendo nem tendo representação explícita com a língua oral.

da mente do analisando, promove uma transformação dos elementos beta em elementos alfa, favorece a expansão da função alfa e contribui para o desenvolvimento e expansão da mente, que Bion chamou de "aparelho para pensar os pensamentos", pensamentos oníricos não só do analisando, mas, sim, da dupla analítica.

Já o termo "onírico" é teorizado por Ferro com base nas formulações de Bion, que defendia a existência de um pensamento onírico de vigília e compreende-o como uma atividade contínua da mente, muito além do sonho noturno. Desse modo, o pensamento onírico estaria também presente na vigília, constituindo um relevante material para o trabalho psicanalítico.

O pensamento onírico de vigília consistiria, para Bion, no trabalho constante da função onírica alfa[10] na transformação dos elementos beta provenientes de todos os canais sensório-emocionais transitáveis e percorríveis na relação com o corpo, com o mundo, com o incognoscível.

Segundo Antonino Ferro (1995), a partir de tais pensamentos, imagens escapam do recipiente mental gerando *flashes* visuais[11], projetados para o externo e captados pelas *reveries*, por meio da capacidade imaginativa da mente, que precisa contar com uma permeabilidade tal como se fossem *flashes* para serem sonhados, além de uma abertura e disponibilidade emocional suficientes para comunicá-los.

10 Bion (2000) utiliza o termo "função onírica alfa" em seu livro *Cogitações*, porém a forma "função alfa" predominou em seus demais textos. Bion tinha o intuito de não saturar possíveis significados para o conceito, preferindo mantê-lo como uma incógnita (Ribeiro, 2019a).

11 Em seu texto "O sonho da vigília: teoria e clínica" (1999), Ferro retoma de Meltzer o termo "*flash* visual", definindo-o como um evento que ocorre "toda vez que um elemento α escapa do aparelho que deveria contê-lo e é projetado ao exterior" (p. 451).

> *Para ser "lido", o sonho necessita de algumas considerações: deve ser "completado" pelo sonho do intérprete sobre ele, o analista deve estar em contato profundo com o sonho, sonhando-o de novo e reorganizando-o a seu modo, numa posição, no fundo, talvez mais modesta do que o primeiro sonhador, mas não menos significativa. (Ferro, 1995, p. 104)*

Dessa maneira, o contato com o pensamento onírico de vigília constitui a base das *reveries*, dos devaneios carregados de intensa "sensorialidade visual, olfativa ou auditiva, nas várias formas de criatividade" (1995, p. 106). O analista trabalha criativamente o material onírico do analisando e ajuda-o ao transformá-lo, via narrativas, em um pensamento que possa ser simbolizado.

A vida onírica seria como um "teatro para a geração de significado" (Meltzer, 1982 *apud* Ferro, 1995, p. 103), cujo enredo é construído em uma articulação cocriada pela dupla analítica. Segundo Ferro (1995), o analista não atua somente como um "montador de cenas" ou um mero narrador de uma história preexistente. Ele contribui para a composição de uma sequência de "cenas" (situações emocionais vividas na vigília) trazidas pelo diretor (analisando), porém introduz imagens de sua *reverie*, geradas a partir de uma escuta e de um estado de receptividade e ressonância que ativam, também no analista, fantasias, lembranças, imagens, "e tudo deverá ser organizado... comunicado ao paciente... reorganizado até se tornar uma trama compartilhada" (p. 104).

Assim, não há como considerar um sonho como fruto de uma só mente. Há de se ponderar sobre as identificações projetivas que o compõem, em um campo emocional que inclui as mentes de analista e analisando e, por consequência, diz respeito à vida mental de ambos.

Sonhar o sonho do analisando abre alas para a pensabilidade do que antes não podia ser pensado. Há, assim, um trabalho que vai muito além de uma elaboração dos conteúdos psíquicos da mente, mas debruça-se sobre a ampliação da mente em si, criando-se um campo no qual a própria mente se transforma, considerando-se a capacidade de mobilidade, de criatividade e, por consequência, de expansão. Portanto, a transformabilidade torna-se possível quando há um grau elevado de fertilização no campo constituído pela dupla analítica.

> *O sonho e sua comunicação representam sempre um momento importante: é um convite a penetrar numa zona mais íntima da relação e poder explicitá-la, como olhar para dentro das gavetas, até das mais secretas. . . Assim, devemos respeitar a intimidade e as defesas: o que se perde em termos de menor conhecimento comunicado e compartilhado "sobre" alguma coisa, é compensado em muito pelo que concerne o "afeto" de sentir-se respeitado e não invadido, e a progressiva introjeção de uma modalidade não demolidora e intrusiva. (Ferro, 1995, p. 106)*

Nesse sentido, é fundamental que o analista seja sensível e afetivo para adentrar áreas tão íntimas da mente do analisando. Ferro (2007) ressalta que o analista deve estar em uníssono com o analisando, e que seja para este um continente, mantendo-se em um estado de receptividade e de criatividade de seu aparelho psíquico para tolerar o desconhecido, o obscuro da experiência.

O autor apresenta a ideia de que, na sala de análise, há uma necessária oscilação entre a criatividade e a técnica, sendo que uma está a serviço da outra. A criatividade prevalece quando a *reverie* acontece, sendo este um momento fecundo que permite aberturas inéditas de sentido para a dupla. A arte ali criada nasce de um *setting* que, segundo Ferro (1995), fornece a moldura, enquanto a tela e as tintas são provenientes dos conteúdos emocionais da dupla analítica.

A criação da dupla inicia-se no campo imagético dos elementos que são pintados intersubjetivamente e ingressa para o território da linguagem. A arte se transforma em palavras, que se agregam e se organizam entre si, até que delas derive uma forma, uma estrutura na qual se apresentam personagens, engendram-se contos, histórias, figurações, que se alternam em relação às emoções do par analítico. Dessa forma, as mentes de analista e analisando narram o que acontece entre elas (Ferro, 1995, p. 71).

Para Ferro (2017), o objetivo da análise é desenvolver a capacidade de sonhar, tanto no analista quanto no analisando. Para tanto, propõe-se, como técnica na sala de análise, transformar sua escuta das sessões em conteúdos mais oniricamente pensáveis, utilizando como estratégia evocar o enunciado: "Eu sonhei que o meu paciente..." antes de qualquer fala trazida pelo analisando, a fim de ampliar o trabalho de sua função alfa, expandir o pensar e a capacidade de ambos sonharem a sessão.

O intuito é que tal menção favoreça a função alfa do analista, para que este sonhe aquilo que não pôde ser sonhado pelo analisando, o "protomental", que, na teoria de Ferro, é compreendido como anterior à experiência emocional e, portanto, incognoscível, não pensado. A mente do analista se expande, entra em contato com o pensamento onírico de vigília por meio de sua função alfa e, por meio da *reverie*, é capaz de acessar aquilo que ainda não pôde ser sonhado. Narrando o que é vivido na sala de análise, transmite o sonhar ao analisando, abrindo caminhos para que possam sonhar mais.

> *Interessa-me substancialmente desenvolver no paciente e em mim a atitude onírica das nossas mentes: para tanto, opero com o desenvolvimento do continente (aqueles fios de emoção que existem entre mim e o paciente e que, se são tecidos e reforçados, permitem — como aos acrobatas no circo, que se sabem a salvo graças à rede de segurança — conteúdos cada vez mais intensos, permitem dançar entre um trapézio/mente e outro), com o desenvolvimento*

> *da função α, ou seja, aquele aparato capaz de transformar protossensorialidade, protoemoções em pictogramas, audiogramas, olfatogramas (elementos α). (Ferro, 2017, pp. 258-259)*

Assim como já descrito por Ogden no subcapítulo anterior, o psicanalista italiano salienta que, ainda que tais elementos possuam um potencial para a abertura de sentidos e de expansão da mente, são também responsáveis por causar desconforto e turbulências emocionais devido à complexidade do trabalho psíquico a ser realizado. É necessário que haja continência do analista e tolerância à tormenta afetiva causada pela *reverie*, para que, por meio de sua função alfa, os conteúdos não representados possam ser metabolizados.

Dessa forma, as *reveries* são consideradas pelo autor como a mais completa expressão do bom funcionamento mental do analista (Ferro, 2017). Nos casos em que a continência da função analítica falha ou se mostra insuficiente, o autor diz que ocorre uma *reverie* negativa, na qual a mente, que deveria acolher e transformar, evacua as protoemoções, obstruindo-a parcial ou totalmente, denotando uma não metabolização dos conteúdos brutos projetados e gerando uma inversão da relação continente-conteúdo (Ferro, 2017, p. 193). Daí a relevância do analista estar continuamente atento à sua condição emocional diante de cada analisando, pois a mente do analista é uma importante ferramenta para que a *reverie* e o trabalho analítico, de modo geral, possam acontecer.

Para Ferro, há duas formas diferentes de manifestação da *reverie*: os *flashes* de curta metragem e as *reveries* de longa metragem, mais complexas e que, na verdade, advêm da construção que se dá a partir de um conjunto de *reveries*. Na *reverie*, a mente do analista capta os elementos psíquicos, como se os enxergasse com os "olhos da mente", gerando imagens por meio do pensamento onírico de vigília.

Todavia, Ferro (2019) afirma que nem todas as imagens que surgem na sala de análise são *reveries*. A fim de fazer tal distinção, o autor compara *reverie* e metáfora, explicando que, no caso da metáfora, o analista comunica algo conhecido, utilizando uma linguagem acessível e de clara compreensão. Já na *reverie*, a imagem surge espontânea e aleatoriamente, como uma distração, um devaneio da mente do analista, e ainda que este tente eliminar essa imagem, ela persiste. Nesse momento, segundo Ferro, o analista presume que tal pictograma tenta comunicar algo do que se passa no campo. Assim, a metáfora pode ser pensada como uma comunicação mais organizada e conhecida, enquanto a *reverie* diz respeito ao incognoscível da experiência emocional vivida na sala de análise, e sua emergência gera uma desorganização no campo. A partir da *reverie*, o analista é capaz de entrar em contato com elementos desconhecidos até então, abrindo-se caminhos para uma possível metabolização desses conteúdos psíquicos ainda não pensados.

Ferro (1995) reitera que todo trabalho analítico se baseia na capacidade de *reverie* do analista, pois é por meio dela que ocorre a metabolização dos conteúdos não pensáveis, tornando-os passíveis de serem pensados. Aponta também para a importância da *reverie* como um instrumento que coopera com a criação da transmissão de um método de pensamento por meio do campo analítico. Isso graças a um estado de abertura e receptividade da mente do analista, que deve ser também criativa e capaz de conter tais conteúdos protomentais, metabolizando-os e transformando-os (e, dessa forma, transmitindo-os) em narrativa.

Chegamos assim a uma maior compreensão da visão de Antonino Ferro sobre as *reveries* serem derivados narrativos do pensamento onírico de vigília. A partir das imagens captadas pelo estado sonhante da mente, as narrativas passam a ser cocriadas via comunicação inconsciente intersubjetiva. Imagens capazes de captar os conteúdos do mundo interno, elementos em estado bruto, pensamentos-palavra em busca de um narrador.

Pictografia analítica via narrativas: a centelha vital

Figura 4 *O sonho*, Henri Rousseau (1910).[12]

A miçanga, todos a vêem.
Ninguém nota o fio que, em colar vistoso, vai
compondo as miçangas. Também assim é a voz do
poeta: um fio de silêncio costurando o tempo.

Mia Couto, 2003

Muitos foram os vícios que marcaram o percurso de Paulo. Marcas da sua história, peças do quebra-cabeça que o compunham e pareciam não se encaixar. Ele dizia se considerar uma incógnita. Compulsão alimentar, drogas, álcool, consumismo, jogos de azar... Uma busca voraz por algo que lhe confortasse, que apaziguasse o

12 Rousseau, Henri. *O sonho*. 1910. Óleo sobre tela, 204 x 298 cm. Museum of Modern Art, Nova York, EUA.

desconforto tão palpável e presente. Entendia que, para além de lhe "completar", a procura incessante era por algo que desse contorno a um corpo-existência tão disforme, inane. Entrevi (com os olhos da mente) um corpo oco, dentro do qual pude enxergar um movimento manancial, em um fluxo intenso, correnteza incessante e desordenada. Tento resgatar minha mente que pairou por um instante e retornar para a sessão.

Paulo diz que, para ele, os desafios pareciam ter um objetivo: fazê-lo sentir-se melhor. Nesse momento, sou violentamente atravessada por um pensamento, mais do que isso, uma alucinação auditiva vívida, maciça. Era como se estivesse ouvindo uma voz – minha própria voz – dizendo nitidamente: "Sentir-se vivo!".

Um "dependente-potencial", cunhava-se. Passei então a construir uma narrativa que pudesse transmitir a Paulo as imagens e sensações auditivas que se formavam em minha mente desde quando o termo "dependente-potencial" surgiu na fala dele. Disse a ele que tais palavras me pareciam irmãs e estavam assim colocadas, lado a lado, ampliando minha percepção de familiaridade entre elas. Disse que, assim que foi pronunciada, a palavra "potencial" me remeteu à ideia de uma centelha vital, algo que me pareceu, a princípio, um impulso para a vida, uma tentativa de saída para um corpo e uma mente que sofriam.

Paulo, que sorria enquanto contava de sua facilidade em viciar-se, me olhou e seu semblante se fechava. Sobrancelhas arqueadas em uma configuração que se assemelhava a algo entre estranhamento, raiva ou reprovação, porém o que eu vislumbrava era um sentimento de vazio, de solidão. Chegava, por vezes, a vê-lo menino. Penso novamente, como na sala de espera: onde está a mãe?

Permaneceu alguns instantes em um silêncio profundo que iniciara de uma forma densa e que, aos poucos, parecia dissipar-se. Virou-se para um quadro com uma pintura abstrata que ficava acima do divã, permaneceu olhando para ele em um silêncio inquieto, como se tentasse encontrar alguma palavra que pudesse comunicar algo, o indizível. Como se, olhando para aquele quadro, buscasse encontrar seu "poema". De repente: "Aquilo é uma fonte?" Respondo: "Olha só... agora que você disse, parece que vejo uma fonte também. Não via antes, agora vejo nitidamente".

Era incrível que Paulo tivesse usado justamente essa palavra: fonte. Lembrei-me da imagem do fluxo de águas intenso, vigoroso, dentro do corpo oco. E ele continua: "Sabe… tenho pensado em muitas coisas desde que começamos. Penso sobre como eu tenho vivido, sobre as coisas que eu sinto que me dão prazer, ou melhor, o prazer que eu realmente queria que me dessem, mas não funcionam verdadeiramente. Sempre achei que isso fosse ruim. Mas quando você falou 'centelha vital', parecia que eu já conhecia essa expressão desde sempre, mas não. Estou certo de que hoje foi a primeira vez que a ouvi. Mas essas palavras ecoaram dentro de mim".

Palavras que ecoavam dentro de Paulo e que também me habitavam. O eco das profundezas mais íntimas e desconhecidas do mundo interno de Paulo estava ressoando agora no externo. Fora transformado em palavras. Palavras vivas, carregadas de significados, não pré-concebidos, mas sim cocriados. Pensamentos-palavra do campo emocional. Uma centelha vital que percorria aquele campo, era captada por nossas mentes.

E continua:

"Estranho que, ao mesmo tempo que me parece uma ideia nova, é tão familiar. Lembro-me que, desde pequeno, eu tinha medo de poço, sabe, aqueles poços artesianos. Só que eu os chamava de fonte. Acho que as ideias se misturaram na minha cabeça, quando eu ouvi 'centelha vital', enxerguei no quadro uma fonte.

Devo ter buscado enxergar, isso sim. Pensei comigo: 'será que sempre teve uma fonte de vida dentro de mim?' Eu me chamava de 'poço' por causa da obesidade. E todos me corrigiam dizendo: É 'rolha de poço' que se diz! Mas eu continuava dizendo: 'Eu sou esse poço'. Nossa, isso é tão curioso...

Acho que, na verdade, eu me sentia vazio como um poço, mas eu sentia que havia dentro de mim uma inquietação, nunca uma ideia de que fosse uma potência de vida. Parece que os vícios eram, de fato, um caminho para a morte, mas a natureza da busca, não.

É essa busca que me faz, agora, pensar que sou, sim, um poço, pois ainda me sinto vazio. Mas também tem dentro de mim uma fonte de vida, sim. E eu quero viver. Sinto que ainda não me sinto vivo".

Paulo encerra a sessão com a frase: "Nossa, temos muito a pensar...".

"Temos" muito a pensar... um pensar compartilhado, criador de imagens, lembranças. Representações iam sendo geradas no campo emocional criado por ambos. Uma fonte... pensamento-palavra que coabitava a mente de Paulo, sem que ele pudesse significá-lo até ser narrado.

Tecida na sala de análise, a narrativa se constrói no entremeio da fluidez de pensamentos da dupla, na liberdade da imaginação alojada no campo. As miçangas soltas, peças do quebra-cabeça de Paulo que pareciam nunca se juntar, ali eram contempladas e ganhavam novas imagens, novos sentidos. O campo emocional favorecia que o "fio de miçangas" pudesse ir "costurando o tempo" necessário para que os pensamentos-palavras se tornassem peças-chave para que Paulo se apropriasse da experiência emocional e ampliasse seu conhecimento de si mesmo.

Fragmentos intersubjetivos que vão se unindo e compondo um enredo, "um colar vistoso", como poetizado por Mia Couto. Pérolas vão se juntando por meio do fio delicadamente tecido pelo trabalho analítico, que inclui as elaborações de ambos os integrantes da dupla e de todos os habitantes que circundam a sala de análise. Pensamentos-pérola vão se avizinhando por intermédio das palavras advindas de um vasto conjunto semântico, que ampliam as conexões entre as mentes.

O pensamento onírico de vigília presente no campo evoca sentimentos e emoções que buscam articulações. Uma "ideia nova, mas tão familiar", dizia Paulo diante das reflexões que se abriam a partir da experiência vivida e narrada naquela sessão. Lá estava um pensamento à procura de um pensador, sonhado a dois, agora podendo ser pensado por Paulo. Uma narrativa que alcançaria, despretensiosa, porém tão cirurgicamente, um núcleo fundamental para que a análise pudesse se tornar transformadora.

Paulo pôde criar. Criamos juntos. Elementos psíquicos brutos tornaram-se pérolas. Um trabalho que, via semântica, possibilitou narrar a experiência emocional. Sonhávamos juntos a sessão, criávamos juntos novas histórias e nossas mentes se expandiam para sonhar novos sonhos.

O potencial transformador do campo está na riqueza das peças que vão sendo apresentadas, narrativas às quais o analista não deve apressar-se para dar um sentido, como se quisesse abrir o baú das revelações com a chave mágica da interpretação. As *reveries* do analista, como nos apresenta Ferro, têm, portanto, um papel central no campo, pois oferecem um rico material a ser artesanalmente preparado: conduzir suas pérolas soltas, juntá-las às do analisando, contê-las e organizá-las para que ganhem forma.

Como analistas, o trabalho de tecer o "fio de miçangas", de juntar os pensamentos-pérolas, ocorre quando nos permitimos embrenhar-nos pelos fragmentos afetivos, perpassando as turbulências do não saber, do incognoscível. Assim, lenta e sutilmente, amplia-se a possibilidade de que as pérolas de ambos se avizinhem e aumentem a capacidade de sonhar, de gerar novos sentidos, expandindo a apreciação e a simbolização da experiência emocional.

Pontilhando narrativas com Antonino Ferro

"Dependente-potencial". A expressão usada por Paulo para descrever-se em relação à facilidade com que se tornava viciado em coisas nas quais encontrava algum prazer me toma por completo. A partir desse momento, minha mente passa a operar em um estado alucinatório no qual imagens e pensamentos circulavam e se entrepunham. Tento, então, encontrar uma forma de metabolizar o movimento manancial e desordenado que se formava para, então, poder transmitir a Paulo algo do que estava sendo tão nitidamente captado ali naquela cena analítica.

No interjogo entre palavras soltas, imagens capturadas inconscientemente e posteriores narrativas criadas para comunicar algo da experiência emocional é que se encontra o ponto central do fragmento clínico apresentado no item "Pictografia analítica via narrativas: a centelha vital". Aqui podemos observar que o encontro entre o vivido na situação analítica e as formulações teóricas desenvolvidas por Antonino Ferro se deu, fundamentalmente, pela captação do que chamei de "pensamentos-palavra".

Aquele "dependente-potencial" que meus ouvidos captavam, comportava também elementos que eram entrevistos com os olhos da mente, escutados em uma audição alucinada: "Sentir-se vivo". Tive uma sensação estranha de uma incessante busca por algo que, não só o (pre)enchesse, mas que desse contorno a um corpo oco. Nesse momento, passo a vislumbrar, ainda sem compreender o porquê, um intenso fluxo de águas que corriam intensa e desordenadamente.

As *reveries* da analista se apresentam, portanto, como um contato direto com elementos protomentais. Tantas vezes com Paulo, ou com outros analisandos, quando minha mente capturava, via *reverie*, algo da experiência emocional daquela cena analítica, nem sempre me sentia motivada a interpretar ou a tentar organizar aquelas ideias a fim de transmiti-las ao analisando. Mas naquela sessão com Paulo, era levada, sem muito entendimento, à ideia de que precisaria construir uma narrativa que pudesse dizer a Paulo sobre as imagens e sensações que circulavam em minha mente.

Tive uma curiosa necessidade de criar um enredo, uma narrativa capaz de expressar o que me habitava e que me parecia um protótipo de um pensamento a ser pensado. Quando uso alguns recursos semânticos para expressar meu devaneio, algo se abre para podermos contemplar o mundo interno de Paulo. Quando verbalizei "centelha vital", Paulo recebeu a expressão com impacto, surpresa, estranhamento, assim como eu com a expressão "dependente-potencial". Pictogramas, figuras primárias da representação das experiências emocionais. Emerge a ideia de haver uma centelha vital que, por trás de toda a destrutividade ligada aos vícios, expressava um impulso para a vida, uma saída mais criativa para um corpo oco e um psiquismo que precisava, mais que sobreviver, "sentir-se vivo".

Mergulhados no reino das palavras, as de Paulo ecoaram em minha mente, e as narrativas criadas para transmitir tais captações ressoavam em Paulo, e ele, pouco a pouco, encontrava seu "poema". Uma cena analítica habitada por palavras vivas, carregadas de significados, não pré-concebidos, mas sim cocriados. O campo emocional analítico seguia tomado por pensamentos-palavra e a centelha vital se fazia presente na mente de Paulo: "E eu quero viver. Sinto que ainda não me sinto vivo" e da mesma forma, na dupla analítica: "Nossa, temos muito a pensar...".

As ideias de Antonino Ferro nos ajudam a pensar esse fragmento intersubjetivo e a considerar que a analista deixou-se capturar pelas forças do campo, sem se perder nele, distanciando-se o suficiente para ser capaz de metabolizar e articular os pictogramas emotivo-sensoriais, transpondo-os em uma organização sequencial que formasse uma narrativa.

O pensamento onírico de vigília é como uma névoa, que evoca sentimentos e emoções que clamam por conexões, por articulações que lhes confiram sentidos. Para Ferro, a *reverie* é uma chave fundamental nesse processo, pois abre portas para que os pictogramas que emergem dela originem derivados narrativos, resultantes de um fluxo de novos pensamentos associativos que são iniciados a partir dos elementos incognoscíveis captados.

É assim que as narrativas nascem, fruto de um processo no qual tanto o analista quanto o analisando são capazes de transformar os elementos emocionais contidos nos pensamentos-palavra. Um processo transformador no qual as mentes de ambos conectam as palavras às emoções que nelas residem. Um movimento fluido que culmina em uma narrativa que é mais do que a junção de palavras. Esses pensamentos-palavra podem ganhar (possíveis) novos significados na continência do trabalho analítico, e ambos, analista e analisando, saem dessa experiência transformados.

3.4 *Da evocação dos símbolos à construção de significados: o casal Rocha Barros*[13] *e o conceito de pictogramas afetivos*

A imaginação é um prisma brilhante,
que reflete todas as cores
que decompõem os menores átomos de luz,
que faz cintilar um raio de pensamento
por cada uma de suas facetas diáfanas.

José de Alencar, 1874

---

13 Ainda que alguns textos do referencial bibliográfico pesquisado fossem de autoria apenas de Elias M. da Rocha Barros, considero, como já evidenciado no título, que as ideias apresentadas neste trabalho são fruto das produções conjuntas do casal Elias e Elizabeth da Rocha Barros. Esta compreensão se baseia no que o próprio Elias define, em uma nota de rodapé no Prólogo do livro *Por que Klein?*, quando diz: "Depois de tantos anos de trabalhos conjuntos, é difícil hoje separar o que é minha contribuição daquilo que é da Elizabeth" (Rocha Barros & Rocha Barros, 2018, p. 13).

Carregadas de simbolismos, as imagens expressam e tornam mentalmente visíveis as ressonâncias afetivas do mundo interno. São como estruturas enigmáticas por meio das quais penetramos nas profundezas das representações[14] mentais, conferindo forma, contorno, consistência e legibilidade às experiências emocionais.

Como fagulhas que carregam em si a potência do fogo e que, ao se unirem, tornam-se capazes de reluzir, as imagens abrigam em si um potencial para a criação de símbolos que, vinculando-se uns aos outros, criam encadeamentos afetivos capazes de acender a chama do sentido, alastrando-se na criação de novas representações imagéticas atribuidoras de inéditas e mais amplas significações.

Lançados, portanto, à proeminente dimensão do universo simbólico, Elias M. da Rocha Barros e Elizabeth Lima da Rocha Barros, renomado casal de psicanalistas brasileiros, tem ganhado cada vez mais notoriedade graças à originalidade e à consistência teórica e clínica de suas contribuições. Entre elas estão as reflexões sobre o papel da simbolização e a constituição de significados na vida mental. A partir dessas ideias, os autores propõem importantes vinculações com o fenômeno da *reverie*.

Os Rocha Barros (2012) consideram que conceitos são formados a partir de gérmens semeados por ideias precedentes, que progridem e se transformam ao longo do tempo, por esgotamentos e rupturas, demandando aprofundamento e a criação de novos conceitos. Os psicanalistas brasileiros tomam como exemplo dessas transformações o conceito de contratransferência, afirmando que este precisou ser ampliado devido à criação de novas ideias que passaram a levar em conta que as emoções vividas na contratransferência refletiam algo da dinâmica mental do analisando e que poderia ser considerada como forma de aprofundar a compreensão de seu funcionamento mental.

---

14 Podemos considerar que não haja nada que possa se dar de uma mente à outra sem que um trabalho representacional, em algum nível, esteja sendo feito.

Traçando um esboço bastante interessante e esclarecedor sobre os momentos históricos de conceitos psicanalíticos que culminaram na necessidade de reorganização da ideia de contratransferência, os Rocha Barros (2012) apontam para a noção de identificação projetiva e de *reverie* (primeiramente em Bion e posteriormente no aprofundamento significativo dado a ela por Thomas Ogden) como processos essenciais para acessarmos, para além das ideias freudianas, uma outra dimensão: a intersubjetiva.

> *Esses momentos foram seguidos por um aprofundamento da definição de contratransferência que posteriormente foi reorganizado pelo conceito de rêverie e se tornou essencial no pensamento psicanalítico contemporâneo, porque passamos a olhar para a relação analítica considerando um caráter fundamentalmente interativo. (Rocha Barros & Rocha Barros, 2012, pp. 138-139)*

Na esteira dos caminhos percorridos pelo conceito de contratransferência, os Rocha Barros (2012) mencionam importantes trabalhos, como os de Aguayo, H. Racker, Paula Heimann e Money-Kyrle, pois, cada um deles, em seu tempo, vislumbraram a contratransferência como um instrumento de acesso, observação e compreensão da personalidade do analisando.

No prefácio do livro *Por que Klein?*, organizado por Cintra e Ribeiro (2018), o casal Rocha Barros menciona Julia Kristeva em uma passagem na qual a autora diz que todo texto é como um mosaico de citações, ou seja, uma absorção e transformação de outro texto. Os autores complementam:

> *Se textos forem estudados desse ponto de vista poderemos concluir, por exemplo, que um conceito tão contemporâneo como o de reverie já estava semeado na obra de Freud na*

> *noção de atenção igualmente flutuante, embora naquele momento ainda isolado de uma relação intersubjetiva. Dentro deste ângulo a questão da reverie e da intersubjetividade (tão contemporâneas!) estava presente de forma pregnante no conceito de identificação projetiva introduzido por Klein. Melhor dizendo, é impossível entendermos a questão da importância da intersubjetividade sem conhecermos suas relações com a problemática da identificação projetiva, um termo que contém em si uma imensa complexidade. (Rocha Barros & Rocha Barros, 2018, p. 21)*

Desse modo, o casal de psicanalistas brasileiros (2012) reforça que o conceito de contratransferência evoluiu e ganhou maior relevância do ponto de vista clínico, devido à compreensão da relação analítica como uma complexa experiência intersubjetiva.

Os autores citam Bion que afirma que "a teoria da contratransferência oferece explicações somente parcialmente satisfatórias, porque se refere a sua manifestação como um sintoma dos motivos inconscientes do analista, mas deixa de fora sem explicar a contribuição do paciente" (Bion, 1962, pp. 23-24, *apud* Rocha Barros & Rocha Barros, 2012, p. 138). Os Rocha Barros complementam a ideia quando expõem que:

> *Na história dos conceitos psicanalíticos poderíamos dizer que no início a contratransferência poderia ser vista como análoga a uma fotografia de um momento relacional. [...] a contratransferência passou a ser comparada analogamente com um filme, como algo que resulta de uma movimentação de muitas fotografias. A partir daí deixamos de poder falar em contratransferência isoladamente e passamos a associá-la àquilo que Bion (1962b, p. 309) denominou rêverie. Nesse momento os processos mentais em curso na mente do analista se tornaram o foco da*

> *investigação e o campo a partir do qual a interpretação é elaborada. (Rocha Barros & Rocha Barros, 2012, p. 139)*

O conceito de contratransferência ganhava, portanto, uma ampliação e, com isso, uma substituição usual deste para descrever os fenômenos que ocorrem na cena analítica. Rocha Barros & Rocha Barros (2012, p. 135) ressaltam ainda que, nas reflexões de Ogden, a *reverie* englobaria a contratransferência, pois esta não seria somente uma reação do analista à transferência, mas também a expressão de elementos que pertencem a uma dinâmica da relação entre analista e analisando, conteúdos experimentados intersubjetivamente.

Acompanhando os Rocha Barros, compreendemos que a emergência das *reveries* se dá no campo das contratransferências, inscrevendo-se nesse território, porém diferenciando-se dele, na medida em que, para os autores, os conceitos estão ligados, sem delimitações precisas, mas cada qual guarda em si as marcas de sua criação. Na visão dos autores (2012), o conceito de *reverie* seria uma progressão da noção freudiana de atenção livremente flutuante, pelo fato de que a *reverie* opera como um instrumento de apreensão e, sobretudo, de comunicação da expressividade dos processos inconscientes que estão ocorrendo no campo intersubjetivo.

Portanto, os conceitos de contratransferência e de *reverie* não podem ser considerados sinônimos, ainda que nem a contratransferência nem a *reverie* sejam delimitadas por fronteiras que as separem entre si (Rocha Barros & Rocha Barros, 2012, p. 138). Para os autores, a contratransferência se relaciona à experiência da *reverie*, que, por sua vez, está ligada ao conceito de identificação projetiva, aproximações que promovem uma expansão quanto à compreensão psicanalítica da intersubjetividade. Esse processo de comunicação entre mentes coloca luz nos processos em curso na mente do analista, e, desse modo, promove expansão nas investigações psicanalíticas sobre o campo intersubjetivo do qual as interpretações são elaboradas.

A fim de promover maior compreensão sobre o fenômeno da *reverie*, buscarei debruçar-me, a partir das formulações do casal Rocha Barros, sobre como tal conceito retrata a abertura dinâmica da mente do analista e favorece um processo de elaboração de interpretações e constituição de significados sobre a experiência emocional.

Os autores (2018) afirmam que a *reverie* ocorre por meio da captação de imagens geradoras de símbolos que não só representam emoções, mas também as expressam, o que denominam *expressividade*. Utilizam esse termo comparando-o ao fenômeno tal qual descrito na filosofia da arte, no qual a imagem simbólica não apenas descreve ou representa as emoções. A principal tarefa da expressividade é transmitir, via evocação, para a mente do outro, uma representação colorida pelas emoções. Dessa maneira, o casal brasileiro afirma que a "expressividade precede a capacidade comunicativa através das palavras" (Rocha Barros & Rocha Barros, 2018, p. 20), como se a anunciação se desse pelo toque expressivo das trombetas, mesmo antes da proclamação do arauto.

No mesmo texto, o casal de psicanalistas sugere que a expressividade, como veículo promotor de emoção no outro, não seria essencial somente nas artes. Na mesma medida, ela é primordial como geradora de memórias afetivas e de formas simbólicas na vida psíquica, visto que uma das funções mais relevantes da expressividade é ativar a imaginação. Logo, a expressividade torna-se fundamental, tanto na arte, no que diz respeito aos processos criativos, quanto na psicanálise, nas evocações imagéticas intersubjetivamente criadas, veiculadas pelas *reveries* do analista. O caráter expressivo é o que faz as imagens adquirirem uma intensidade de epifania e, dessa maneira, serem capazes de produzir transformações significativas (em ambos, analista e analisando).

> *A evocação, veículo da identificação projetiva, é uma forma de apreensão não discursiva (um envelope pré-narrativo) de complexas redes de relações entre afetos inconscientes e ideias que permeiam a interação entre as duas*

> *subjetividades. Ela se expressa no mais das vezes, como já dissemos, em uma captação imagética (mas pode também ser sob forma de sensações corporais, sinestésicas, gestualidades expressivas, melodias etc.) dos sentimentos envolvidos que permeiam o processo de constituição das representações mentais do paciente. É essa produção, que depois será objeto de sucessivas transformações de caráter semiótico e simbólico até tornar-se uma interpretação que poderá ser verbalizada para o paciente, que poderia ser considerada por nós como contratransferência e parte da reverie. A interpretação é algo construído a partir do processo de simbolização em curso e não algo dado pela captação mental do analista considerada em si mesma. As evocações produzidas na mente do analista são maneiras, a nosso ver, de organizar os afetos através do estabelecimento de certas conexões entre eles, que não são conscientes nas vivências expressivas das fantasias, no plano da vida consciente, e que permeiam a interação que está ocorrendo na sala de análise. (Rocha Barros & Rocha Barros, 2012, p.141)*

Assim, a evocação, comumente gerada a partir de uma imagem, é uma forma de comunicação não discursiva, que permite conexões e amplia as possibilidades de representações afetivas. A palavra imagem, aqui empregada pelo casal Rocha Barros, está na mesma direção proposta por Langer (1967, *apud* Rocha Barros & Rocha Barros, 2018) para se referir a um material advindo da imaginação. Tais imagens evocadas, segundo os autores, são *pictogramas afetivos* que necessitam passar por um trabalho, em grande parte inconsciente, que decorrerá, preponderantemente, da sensibilidade do analista.

O conceito de pictogramas afetivos apresentado pelos Rocha Barros (2000) refere-se às imagens compostas por elementos afetivos portadores de diferentes significados, que assumem primeiramente uma forma inicial inconsciente de representação mental das experiências emocionais, podendo produzir um sistema simbólico novo, capaz de apreender e transformar significados.

Dessa forma, quando transpostos via palavras, os pictogramas afetivos favorecem o trabalho psíquico entre analista e analisando, promovendo a expansão das mentes da dupla e a criação de novos símbolos que expandem as redes afetivas inconscientes. O casal de psicanalistas complementa essa ideia, quando afirma que:

> *É apenas quando ampliamos nossa capacidade de comunicação conosco (e, em consequência, também com os outros), através da permanente criação de novos símbolos – base da construção de pensamentos – que desenvolvemos a capacidade para lidar com o sofrimento psíquico, e criamos as condições para uma compreensão mais profunda do mundo humano que nos cerca. (Rocha Barros & Rocha Barros, 2018, p. 21)*

Os símbolos nunca devem ser meramente traduzidos ou decodificados para que não haja uma redução e/ou fechamento da plasticidade das redes afetivas que estão disponíveis neles (Rocha Barros, 2002; Rocha Barros & Rocha Barros, 2012; 2018). Ao contrário, os símbolos devem favorecer a expansão de nossa capacidade de pensar sobre nossas experiências emocionais e nossas relações com o mundo. O símbolo atuaria, nessa perspectiva, nas articulações afetivas entre mundo interno e externo.

O objetivo da psicanálise, segundo os autores, seria, portanto, favorecer o desenvolvimento emocional no analisando por meio de uma ampliação da capacidade simbólica e, por consequência, da capacidade do pensar. Assim, a criação de novas possíveis formas simbólicas ajuda a atribuir sentido às experiências. Imagens, portanto, convocam a mente a um trabalho complexo e constante de representação.

Os Rocha Barros (2012) apresentam as ideias da filósofa Susanne Langer, em sua teoria sobre a formação de significados através da expressão simbólica, na qual estabelece uma distinção entre duas categorias de símbolos que são bastante relevantes para entendermos o processo de *reverie*. Langer sugere uma diferenciação entre simbolismo presentacional e simbolismo discursivo. Os símbolos presentacionais são intuitivos, comunicam as emoções de forma não discursiva, ou seja, sem nomear a experiência emocional, mas sim, se presentificar pelo conteúdo. Em suma, o simbolismo presentacional é conotativo, capaz de evocar emoções e tocar o interlocutor a partir de sua expressividade afetiva. Por outro lado, o símbolo discursivo é denotativo, atravessado pela linguagem, nomeando as experiências emocionais e mantendo a expressividade da experiência emocional simbolizada.

Ambas as formas de apresentação dos símbolos, na visão de Elias e Elizabeth da Rocha Barros (2012), não apenas comunicam algo, mas são também o veículo condutor por meio do qual o conteúdo emocional é transportado. As duas formas de simbolismo mantêm uma relação dialética e contribuem para a expansão da função do pensar que se dá a partir da progressão das representações mentais. Pode-se pensar, assim, que a mente, por meio de símbolos, trabalha para atribuir sentido às experiências. As imagens simbólicas, via pictogramas afetivos, evocam emoções que buscam significar e elaborar as experiências emocionais.

O casal de psicanalistas propõe que a promoção de novos sentidos às experiências emocionais pode ocorrer a partir de três níveis: o significado oculto, o significado ausente e o significado potencial, que podem operar simultaneamente e se interpenetrarem na constituição da vida mental. O significado oculto refere-se aos elementos ainda desconhecidos ou reprimidos. O significado ausente está relacionado à pregnância dos objetos internos sobre o psiquismo em situações às quais o ego está sendo confrontado entre as forças conservadoras e a pressão para o desenvolvimento. Já o significado potencial refere-se às vivências produzidas pela interpretação do significado ausente que se abre potencialmente para a experiência de sentido por meio de vivências possibilitadas pela interpretação, porquanto esta abre caminhos para vários novos possíveis sentidos (Rocha Barros, 2002, pp. 115-116).

No processo em que se constituem e se figuram, os pictogramas afetivos apresentam em si um potencial para significados, mesmo se ocultos ou ausentes, que estão em um estado de suspensão. A ausência e a ocultação aqui referem-se à existência de algo que ainda não aconteceu ou está cindido, o que implica um estado de descontinuidade. A ausência aguça a psique a criar recursos de representação. Os pictogramas afetivos evocados na mente do analista durante a *reverie* surgem antes mesmo de serem constituídos na mente do analisando, pois estes demandam guarida na mente do analista para que seja possível pensar aquilo que o analisando ainda não é capaz de transformar em uma representação.

Oculto, ausente ou potencial, a tarefa do analista é rearticular significados que partem de planos simbólicos distintos. E, por meio de sua capacidade imaginativa e sensibilidade para interpretar os pictogramas afetivos do analisando, favorece uma abertura para a criação de novos significados que ampliem as possibilidades vivenciais e o desenvolvimento da experiência emocional. O analista precisa estar aberto e sensível à evocação de tais imagens e oferecer uma primeira representação simbólica ao paciente, para que a experiência emocional possa ser ampliada, desenvolvida e elaborada.

A capacidade de *reverie*, nessa perspectiva, é fundamental para a apreensão e a compreensão dos processos inconscientes transmitidos a partir dos pictogramas afetivos. Atuando como parte primordial da função psicanalítica da personalidade, a *reverie* torna o analista capaz de captar tais imagens e sentimentos evocados em sua mente, criando essa primeira representação mental de estados até então protomentais. Isso ocorre por meio de um importante campo de comunicação, expressão, construção e reconstrução, que torna possível que a experiência emocional do analisando possa ser pensada (Rocha Barros & Rocha Barros, 2017).

Todavia, os Rocha Barros (2019) reforçam que uma vivência traumática ou o transbordamento emocional por um excesso de excitação interferem na capacidade de reação e resposta aos aspectos expressivos dos símbolos. Nessas situações, tais aspectos não estão apenas silentes, permanecem também neutralizados, arredando-se da plasticidade necessária para que a expressividade ocorra. Desse modo, as emoções são eclipsadas e a vida afetiva se mantém neutra, apartando o analisando (e por conseguinte, o próprio campo analítico) dos tão necessários significados emocionais:

> *Quando a experiência emocional apresentada mentalmente não se amplia transformando sua base simbólica, a mente fica impedida de pôr em atividade a função continente e assim, metabolizar suas emoções. Num estado neutro, isto é, vazio de emoções, nenhum trauma pode ser perlaborado. (Rocha Barros & Rocha Barros, 2019, pp.104-105)*

Frente a esse desafio na clínica, os Rocha Barros apontam algumas questões necessárias: teriam esses pacientes a capacidade simbólica mutilada? Poderia um paciente produzir simbolismos sem que ele viva plenamente a experiência emocional? Pensando sobre esses impasses, o casal afirma que é necessário compreender as interferências no processo de construção das formas simbólicas.

Os autores sugerem que é por meio da expressividade do símbolo que se dará, ou não, a possibilidade de o paciente ampliar suas experiências emocionais, promovendo, em sua vida afetiva, transformações semióticas. A expressividade é capaz de decompor a experiência traumática neutralizante, integrando-a simbolicamente em um contexto pensável e, destarte, passível de um processo de elaboração.

Ainda que a expressividade dos símbolos esteja neutralizada ou apenas parcialmente acessível para a interpretação e para ser pensada, é necessário integrar as partes cindidas pelas vivências traumáticas a fim de aumentar a permeabilidade às experiências emocionais. De acordo com os autores, "para ser capaz de pensar sobre a experiência emocional e assim liberar-se do seu significado restrito traumático limitado a processos denotativos, tal experiência necessita adquirir uma qualidade conotativa, ou seja, ampliar-se" (Rocha Barros & Rocha Barros, 2019, p. 105).

As associações do analista, via função conotativa, colocam a experiência cindida sobre a mesma cobertura emocional, pois quando possibilitam que diferentes sentimentos coabitem o mesmo espaço mental, criam-se possibilidades de relação entre experiências mentais. Promove-se, assim, a expansão da mente e a metabolização das vivências traumáticas.

Para isso, é fundamental haver um trabalho analítico contínuo que vise à progressão da qualidade da forma simbólica, para que esta possa ampliar-se, adquirir uma qualidade conotativa, até que seja possível libertar-se do seu significado traumático limitado a processos denotativos. É somente por meio dessa ampliação que se criam conexões com outras redes afetivas e, dessa forma, o símbolo adquire (ou recupera) seu significado representativo e expressivo, produzindo mudanças que geram desdobramentos expressivos capazes de simbolizar as paixões que dão significado à nossa vida.

É por meio dos símbolos que a pensabilidade afetiva se desenvolve e se torna parte do "processo de metabolização da vida emocional", termo utilizado metaforicamente pelos autores para designar um processo de metabolização decorrente da movimentação de significados a partir de níveis de processamento mental diversos. Novas redes emocionais e novas memórias antes cindidas ou reprimidas passam a "ficar disponíveis para serem integradas no rio de significados que constitui a vida mental do paciente" (Rocha Barros & Rocha Barros, 2019, p.106).

De acordo com Elias M. da Rocha Barros:

> *o analista, por meio de suas interpretações, faz com que as representações mentais inconscientes de situações emocionais se tornem visíveis (no sentido imagético) e significativas. E o paciente, concomitantemente, rearticula significados de campos simbólicos distintos, abrindo novas possibilidades de experiência e criando novos significados deixados incompletos, que expandem as possibilidades de desenvolvimento emocional. (2002, p. 111)*

Ainda que diversos autores venham se debruçando sobre o tema da *reverie* e sobre os processos de simbolização, é notória a originalidade das ideias do casal Rocha Barros, bem como sua capacidade de articulação dialética da experiência clínica e a apropriação e riqueza reflexivo-argumentativa das ideias psicanalíticas clássicas e contemporâneas.

Fred Busch (2018), autor estadunidense que se dedicou a fazer uma análise crítica sobre as diferentes concepções de *reverie*, tanto em termos conceituais, quanto em relação à sua aplicabilidade na clínica, destaca que as reflexões do casal Rocha Barros, diferentemente das proposições de Ogden e Ferro, apontam para a importância de o analista simbolizar, via interpretações, o significado das imagens captadas pela *reverie*, buscando associá-las aos conteúdos afetivos do analisando e transmiti-los a ele. Dessa maneira, Busch (2018) considera que o casal brasileiro apresenta uma importante contribuição psicanalítica: a ideia de que os pictogramas afetivos devam ser transformados via processo simbólico e devolvidos ao analisando discursivamente.

Considerando o contraponto levantado por Busch, podemos creditar a Ogden e Ferro uma proposta na qual a *reverie* seria transformadora por si só, enquanto o casal Rocha Barros tende a uma proposição mais pautada na relevância da interpretação para que o processo de simbolização possa ocorrer. Busch reforça ainda que o pictograma não teria o "poder" de transformar o analista em um decifrador de imagens que promoveriam uma revelação, mas, sim, de guiá-lo pelos aspectos expressivos dessas imagens.

Em acordo com o que fora apontado por Busch, Elias M. da Rocha Barros (2002, p. 119) se diz realmente avesso à corrente de psicanalistas que acredita no trabalho do pensamento onírico, que resulta no sonhar, como transformativo por si só, não havendo necessidade de ser interpretado. Para o autor, essa visão não comporta a existência de um psiquismo dinâmico que abriga resistências e repressões, que dificultam ou impedem o acesso a significados por parte do analisando, ou sugere que o próprio sonho, na melhor das hipóteses, já teria removido qualquer resistência.

Contudo, sobre o uso da interpretação como ferramenta necessária para o trabalho analítico, o casal Rocha Barros reitera a importância de o analista elaborar primeiramente os pictogramas afetivos captados, antes de interpretá-los e devolvê-los ao analisando. Tal trabalho de elaboração exige que o analista esteja sensível às emoções evocadas em sua mente via pictogramas afetivos, porém precisa primordialmente ser capaz de pensar a *reverie* como uma chave intersubjetiva da sessão, sendo ela uma importante via semiótica, que compreende processos de comunicação, expressividade, reconstrução e transformações (Rocha Barros & Rocha Barros, 2017; 2019).

Assim, os autores reforçam que, para ocorrer um fato analítico, é necessário muito mais do que a captação de uma imagem. É primordial que o analista, por meio de autoanálise, alcance uma capacidade de reflexão sobre os elementos que habitam sua mente e que busque o desejo de comunicação implícito na imagem (Rocha Barros & Rocha Barros, 2012).

Trata-se de um trabalho de construção, e não de adivinhação ou de decifração, ampliando a dimensão da interpretação para uma experiência intersubjetiva, na qual há um desejo do analista de construir sentidos, junto ao analisando, a partir das conexões emocionais vividas que estão presentes na evocação, porém ainda ausentes no plano da discursividade consciente.

A imagem evocada pode ser transposta por intermédio de um simbolismo discursivo, e então comunicada pelo uso de uma construção "dizível" direcionada ao analisando. Construção esta que contemple não palavras aleatórias, mas sim aquelas que possam produzir uma experiência emocional galgada no estabelecimento de elos que favoreçam no analisando uma sensação de *insight*, de ter encontrado um sentido que permita compreender aquele instante de sua vida e possa ser ampliado e associado a outros momentos.

Ao elaborar a *reverie* e construir uma interpretação, o analista transforma o símbolo presentacional do pictograma afetivo em um simbolismo discursivo. Trata-se de um complexo trabalho psíquico a partir do qual a imagem evocada precisa ser desconstruída para que se construam significados. Os sentimentos e emoções captados via imagem evocam no analista metáforas que articulam símbolos discursivos e não discursivos, que serão transmutados para uma linguagem verbal semiótica descritiva, a fim de ampliar a capacidade de pensar a experiência, expandindo o poder de comunicação.

Para os Rocha Barros, a interpretação não tem o intuito de somente nomear o que foi captado da mente do analisando, mas de constituir um veículo capaz de expandir os elos afetivos e promover a ligação de outros elos, conexões e experiências emocionais significativas. Isso decorre da geração de novas bases simbólicas, a partir das quais os afetos que até então não podiam ser pensados pelo analisando (e, portanto, não existiam na consciência) passam a ser representados e, assim, se expandem, por meio do trabalho de simbolização.

A função interpretativa vai além de uma mera explanação, ela não é uma tentativa de decifrar o mistério oculto e atingir a verdade da experiência. Ela, sim, representa uma forma de ampliar o trabalho analisante a uma dimensão potencialmente fluida para o desenvolvimento de uma extensão simbolizante da experiência emocional, que possibilite novas construções e articulações de pensamentos. Nas palavras de Rocha Barros:

> *as interpretações não apenas esclarecem aspectos da vida emocional, mas permitem, por serem conjecturais, a ampliação do universo observável do paciente e do campo de escrutínio, seu campo de visão, ampliando em decorrência sua capacidade (bem como a do analista) de compreender suas respostas emocionais e sua relação com o passado. (2002, p. 119)*

A pensabilidade é convocada pela interpretação e convidada a se achegar à experiência emocional. Os autores reafirmam um dos grandes méritos da obra de Bion: apontar para a permanente conexão entre o pensar e as emoções. A descoberta bioniana fica evidente se observarmos que, por meio da interpretação, algo evocado pela expressividade que se apresenta em um plano imagético é transposto discursivamente em uma linguagem verbal que permite a criação de significado, abrindo o campo mental para pensar a experiência emocional e criar novas conexões.

Encerro este texto acerando a ideia viva dos autores de que as formas simbólicas são como instrumentos que nos ajudam no processo do pensar, auxiliam-nos a dar forma e cor a novas imagens que só puderam vigorar a partir de um símbolo primeiro. Imagens evocadas, carregadas de expressividade, que se desdobram em nossa mente, promovendo conceituações que advêm de novos símbolos, gerando sentidos e ampliando a experiência emocional.

Pictografia analítica da expressividade simbólica

Figura 5 *Noite estrelada*, Van Gogh (1889).[15]

Tinha que existir uma pintura totalmente livre da dependência da figura – o objeto – que, como a música, não ilustra coisa alguma, não conta uma história e não lança um mito. Tal pintura contenta-se em evocar os reinos incomunicáveis do espírito, onde o sonho se torna pensamento, onde o traço se torna existência.

Michel Seuphor, 1964

Tique-taque, tique-taque, tique-taque...

Que estranho... De onde vem? Meu relógio? Não é! Será o dele? Duvido. Nessa distância, seria impossível reboar dessa maneira. Que barulhinho irritante é esse?

"Foco!", penso comigo. Concentre-se, seu foco é Paulo. Meu superego cruel se esbalda me aterrorizando por estar me "distraindo" tanto naquela sessão. Busco uma justificativa: "ele está tão agitado que tem me distraído. É isso!". Hoje percebo que não somente.

15 Van Gogh, Vincent. *Noite estrelada*. 1889. Óleo sobre tela, 73,7 x 92,1 cm. Museu de Arte Moderna de Nova York, Nova York, EUA.

Desde pequena, detestava ventilador na sala de aula. O barulho daquela máquina (que normalmente era velha e desajustada) dominava todas as minhas sinapses. Impossível pensar com tal algazarra neuronal que ressoava ruidosa e carnavalescamente em minha cabeça. Sempre achava um jeito de focar: sentar-me na primeira carteira, bem próxima ao professor foi minha tática infalível ao longo de toda minha vida. O lema era afastar a distração focando em algo concreto. E funcionava, de fato!

Mas aquela não era uma sala de aula, e Paulo não era meu professor, e por mais que me punisse mentalmente por achar aquela distração inadequada e incoerente, também era capaz de me recordar que aquele era um espaço compartilhado por duas mentes que se comunicavam, nem sempre por palavras, mas também por sons, imagens, sensações... Enfim, símbolos.

Procuro não romper a receptividade tão necessária ao trabalho analítico e me ancoro na boa e velha atenção flutuante. Coloco-me ali, disponível, para estar com Paulo e com os tique-taques, as palavras, as lembranças, outros tique-taques, os silêncios, os medos, mais tique-taques, a crueza, a fragilidade, a impotência... Imagens, formas e sons iam se misturando melodicamente, como se saíssem de Paulo e de mim. Sons que nesse momento me remetiam à imagem de uma orquestra criando uma sinfonia. Sou capturada, então, por um trecho de uma canção:

> *On a le même tempo, mais pas le même pattern*
> *On a le même tempo, mais pas le même pattern*
> *On chante la même mélodie*
> *Et pas avec les mêmes harmonies*

O nome da canção é *Duo* – o interessante é que eu não fazia ideia do nome dela até pesquisar para citá-la e, curiosamente (e, claro, não coincidentemente), o título significa par, dupla. A canção é interpretada por dois artistas extremamente performáticos, os compositores e intérpretes francófonos Angèle e Philippe Katerine, bastante populares atualmente na França e internacionalmente, e o trecho evocado em minha mente diz:

> *Temos o mesmo ritmo, mas não o mesmo padrão*
> *Temos o mesmo ritmo, mas não o mesmo padrão*
> *Nós cantamos a mesma melodia*
> *E não com as mesmas harmonias.*

A toada comporta, claramente, um tom de humor, irreverência, toques de malícia e conotações sexuais (próprias das composições dos artistas mencionados). Ainda que fosse evidente que a situação analítica com Paulo também incluísse conteúdos da ordem do sexual – na atmosfera transferencial e nos resquícios evidentes do conflito edipiano –, o que ressoava mais alto em minha mente era o aspecto literal da canção. Ela representava, naquele momento, a história de duas pessoas conectadas por um ritmo, uma cadência. Com padrões e notas distintos, ambos tinham um desejo de criar uma sintonia, mesmo que não houvesse uma mesma harmonia.

Deixo ao lado meus devaneios (não de lado, mas ao meu lado), e digo a ele que me parecia que as coisas que ele ia expressando por palavras, sons, gestos, emoções e mesmo os silêncios me faziam enxergar uma orquestra e sua sinfonia. Ele prontamente me responde:

"Parece que no início eu ainda estava afinando os instrumentos... ainda saíam mais ruídos do que som, não é? Me lembrei de algo que acho que nunca te falei. Meu pai tocava violino. Lindamente, por sinal. Nunca aprendi a tocar, mas desde pequeno eu o esperava chegar do trabalho, já tarde da noite, e enquanto mamãe terminava o jantar, ele se sentava no sofá da sala e tocava. Era o melhor momento do dia. Ele havia me dado um violino de brinquedo quando fiz 7 anos. Quando ele se acomodava no sofá com seu violino nas mãos, eu corria para buscar o meu, me sentava ao seu lado e brincava de acompanhá-lo, mesmo sem saber como tirar som algum daquele protoinstrumento. Por vezes saía um som agudo terrível, de estourar os tímpanos. Nessas horas, mamãe invadia a sala, furiosa, e me dava a bronca de sempre: 'Não estrague a música do seu pai, menino', 'Pare com esse barulho agora mesmo.' Ou ainda 'Deixe seu pai tocar em paz, não atrapalhe!' A pior era 'Vou jogar fora esse brinquedo ridículo'. Morria de medo de que ela o fizesse, por isso eu sempre o escondia bem escondidinho para não correr o risco. Quando ela falava essas coisas, me sentia péssimo, porém só por um milésimo de segundo, pois quase que no mesmo instante papai dizia para ela: 'Deixa ele, estamos tocando juntos. Estamos compondo uma nova melodia. O processo é assim mesmo.' No instante em que ela virava as costas, ele me olhava de cantinho de olho, com aquele olhar faceiro e amável de sempre, sorria discretamente e lançava-me uma piscadela. Ah, que saudades desse momento. Sentia que meu 'barulho' era recebido por ele como música, pois ele me fazia sentir-me parte daquela melodia."

Ao terminar de narrar essa lembrança, Paulo inspira profundamente com um semblante saudoso e tranquilo, e diz que tem se sentido mais confortável no divã, tem sido mais tranquilo por estar ali comigo. Paulo já conseguia dizer "com você" sem se sentir desconcertado. Digo a ele que me parecia que agora ele podia sentir que não era só "barulho", que já está saindo uma música, mesmo que ele achasse que não sabia tocar e nem soubesse que música seria, ainda que saíssem ruídos agudos, ele estava ali tentando fazer música. Estávamos tocando juntos. Paulo me encarou com um olhar expressivo e disse: "Realmente tenho sentido que meu barulho, aqui, tem um sentido. Então tem mesmo uma sintonia... Quer dizer, sinfonia!". E conclui: "Sintonia também!".

Semanas depois desse evento sinfonicamente intersubjetivo, quando falava sobre seu medo de morrer e como havia sido esse o estímulo do qual precisava para buscar ajuda, ele me diz: "Sou uma bomba-relógio". No mesmo instante em que pronunciou essas palavras, a memória do tique-taque atravessou meus pensamentos e localizei ali um sentido, que vagava solto no tempo e no espaço, mas que já havia sido captado por minha mente. Algo naquela ocasião havia se revelado antes que fosse dito. Uma bomba-relógio.

Hoje penso no quão potente aquela sensação havia sido, e como, a partir dela e da desorganização que ela havia causado em mim, busquei expandir minha mente em um fluxo receptivo para continuar aberta para os conteúdos de Paulo. E lá estavam os tique-taques e os demais sons e silêncios, notas tocadas por aquele homem-bomba com o qual estava profundamente implicada analiticamente. Os sons e silêncios dele, misturados às minhas notas. Fazíamos música juntos, uma melodia, primeiro sonhada intersubjetivamente e depois vivida.

Havia, como disse Paulo, uma sintonia; ainda que não soubéssemos ao certo que melodia era aquela, seguíamos abrindo nossas mentes para tocarmos juntos. E já não era mais somente o ruído seco e tilintante da bomba-relógio, havia também notas doces, suaves, umas graves, outras agudas, harmonias distintas que iam compondo uma mesma música.

As reflexões e associações iam se expandindo, pois acredito que Paulo tenha sentido que eu estava disposta a fazer a música com ele. Como se eu também pudesse ter-lhe dado aquela piscadela e o sorriso faceiro apaziguador, contendo a mensagem não discursiva carregada de afetos: "Fica tranquilo, estamos nos afinando, estamos criando nossa melodia.". E seguíamos desejando expandir nosso repertório, o de pensar a experiência emocional.

Dos vãos ao entreato: os Rocha Barros e as entrelinhas da simbolização

"Que barulhinho irritante é esse?", pensava a analista. Tique-taques, bomba-relógio, sons, ritmos, sinfonias... O recorte clínico nos conduz à observação de um interessante movimento da mente: entre representação e simbolização, eis que se apresentam imagens: os pictogramas. Nos termos sugeridos pelo casal Rocha Barros, pictogramas afetivos, captados pela *reverie* da analista. As contribuições dos autores Elias e Elizabeth da Rocha Barros surgem como uma importante ferramenta para pensarmos a cena analítica no fragmento clínico retratado.

A expressividade simbólica contida nos pictogramas afetivos evocados na mente da analista contemplava uma importante comunicação. Havia algo sendo expresso em meio aos sons alucinados. Um movimento fluido de ampliação da experiência emocional vivida na sessão junto aos tique-taques e melodias.

Imagens e formas se criavam em uma cadeia de novos símbolos quando digo a Paulo que suas palavras, sons, gestos, emoções e mesmo os silêncios me faziam enxergar uma orquestra e sua sinfonia. Simbolismo utilizado discursivamente pela analista na sessão, o que permitiu uma expansão das conexões simbólicas na comunicação intersubjetiva que havia se formado entre analista e analisando. Paulo pôde se aproximar de afetos já presentes, mas que ainda não haviam sido significados.

Uma outra imagem é também transformada pela analista e transposta em uma linguagem discursiva que pudesse obter maior alcance: digo a Paulo que, quando vislumbro uma orquestra, estavam presentes (na ausência) também os tique-taques daquela "bomba-relógio" que ele dizia ser. Os tique-taques e os demais sons e silêncios, notas tocadas por aquele homem-bomba com o qual estava profundamente implicada analiticamente, misturadas às minhas notas, uma melodia intersubjetiva. E Paulo me responde perplexo e esperançoso:

"Olha só... Então eu chego cheio de medo da morte, mas então realmente não era só a morte que pairava no ar. Já havia ali um esboço de vida, porque música é vida! Se tem aqui uma orquestra, então tem vida... Ou pelo menos meu desejo de estar vivo! Isso, sim!"

On a le même tempo, mais pas le même pattern
On chante la même mélodie
Et pas avec les mêmes harmonies[16]

Imagens evocadas na mente da analista, convocando-a a um trabalho de articulação dos pensamentos por meio de símbolos que geram novos símbolos, e com eles, novos e copiosos sentidos. De acordo com as relevantes contribuições psicanalíticas dos Rocha Barros, compreendemos que a capacidade de *reverie* foi fundamental para que houvesse abertura e receptividade para a captação dos pictogramas afetivos. Um trabalho intersubjetivo que se constitui por meio de comunicação, expressão, construção e reconstrução, que torna possível a ampliação da mente, expansão das redes afetivas, o pensar e os sentidos para as experiências emocionais.

Elementos do mundo interno de Paulo sendo captados de modo intersubjetivo, expressivamente simbolizados como uma melodia, evocando a imagem de uma orquestra. Nesse recorte da situação analítica com Paulo, é possível notar que a experiência analítica promove um amplo campo para a expressividade de emoções e evocação da capacidade imaginativa, fundamental para o processo de simbolização.

Captar a expressividade do analisando via imagens, acolher, simbolizar e dar significados para a experiência emocional, promove uma ampliação da mente, de sua capacidade de sentir e viver os afetos. Abre-se espaço para uma pensabilidade tangenciada pela observação, tanto do que é interno quanto do que é externo, particular ou compartilhado. E assim, a mente se expande e novos trabalhos carregados de epifanias expressivas podem ser realizados.

16 Temos o mesmo ritmo, mas não o mesmo padrão
Nós cantamos a mesma melodia
E não com as mesmas harmonias.

Pegando carona na cena rememorada por Paulo de seu violino de brinquedo, dos momentos com o pai, expressos pela musicalidade do afeto, das críticas da mãe e de seu sentimento de que seu pai e ele estavam em sintonia, sinto-me impelida a dizer a Paulo que ali, naquele espaço analítico, me parecia que ele já podia sentir que as coisas que me dizia, as associações e memórias que surgiam, já não eram mais "barulho" como talvez lhe parecesse no início, enquanto ainda estávamos construindo nosso instrumento, nossos violinos.

A música *Duo*, símbolo presentacional intuído pela analista, carregava em si e comunicava emoções de forma não discursiva, conotando uma expressividade afetiva que, transposta ao simbolismo discursivo (quando digo a Paulo que nossos "sons" me faziam pensar em uma orquestra e sua sinfonia), abre um campo para que inúmeras experiências emocionais ainda não representadas pudessem ser pensadas, tanto nos traços de memórias afetivas de Paulo com seu pai, por quem se sentia contido, quanto nas memórias de sua mãe, com quem Paulo viveu experiências traumáticas. Dessa maneira, via simbolismos expressos pelos pictogramas afetivos captados em minha mente, conteúdos emocionais do mundo interno de Paulo foram transportados e, então, comunicados. Assim, as formas de simbolismo presentacional e discursiva, em um movimento dialético, favoreceram a expansão da capacidade do pensar (para ambos).

Por meio dos símbolos, pudemos iniciar todo um trabalho de atribuir sentidos às experiências emocionais. Os significados oculto, ausente e potencial, conforme teorizados pelos Rocha Barros, a partir da interpretação, permitiram uma abertura para a criação de sentidos por meio de vivências que, até então, estavam impossibilitadas de serem representadas. E quando isso é possível, abrem-se caminhos para vários novos sentidos e opera a ampliação de um "campo de consciência, abrindo a experiência para novas conexões e novos campos pulsionais." (Rocha Barros, 2002, p. 120). De um estado de descontinuidade à criação de recursos de representação, os pictogramas afetivos evocados na mente da analista durante a *reverie* foram capazes de promover a ampliação das possibilidades vivenciais da experiência emocional de Paulo.

Agora já ouvíamos música, ainda que alguns ruídos fossem agudos ou desafinados, estávamos ali, juntos, tentando fazer nossa música. Estávamos tocando, tentando nos afinar em um mesmo ritmo. Pouco a pouco, Paulo sentia-se mais tranquilo, abria-se para aquela relação que inicialmente lhe parecia tão ameaçadora: "Realmente tenho sentido que meu barulho, aqui, tem um sentido. Então tem mesmo uma sintonia... quer dizer, sinfonia... sintonia também!". A interpretação funcionou como uma forma de ampliar o potencial simbólico da expressividade contida nos pictogramas afetivos e, com isso, o trabalho analítico alcança novas dimensões simbolizantes da experiência emocional que favorecem novas articulações de pensamentos.

Assim como preconizado pelos Rocha Barros, ao construir uma interpretação para os pictogramas afetivos – imagens evocadas e captadas pelas *reveries* –, inicia-se um complexo trabalho psíquico. A partir de então, passam a ser construídos novos significados, via simbolismo discursivo, tornando mais ampla a capacidade de pensar a experiência. A intenção da comunicação não era somente nomear as *reveries*, mas sim promover conexões e novos símbolos. Em consonância com as ideias sobre os pictogramas afetivos, percebemos que a expressividade das imagens evocadas na relação com Paulo favorece uma ampliação da capacidade simbólica e, por consequência, da capacidade de pensar. Desse modo, novas formas simbólicas auxiliam na criação de sentido para as experiências.

Foi exatamente assim que ocorreu nesse fragmento da análise de Paulo. Entre sons e silêncios, misturávamos nossas notas, montávamos acordes, dos mais simples aos mais sofisticados, e novas melodias eram criadas, novos arranjos eram construídos intersubjetivamente. A partir da sonoridade rítmica captada pelas *reveries* retratadas nesse fragmento clínico, dos tique-taques à orquestra sinfônica criada imaginativamente pela analista, foram sendo gerados novos símbolos – o violino, a desafinação, a harmonia, os arranjos, a cadência e, enfim, sintonia!

3.5 *Entre cesuras: Marina F. R. Ribeiro e os conceitos de intuição psicanalítica e* reverie

> *Do novelo emaranhado da memória, da escuridão dos nós cegos, puxo um fio que me aparece solto. Devagar o liberto, de medo que se desfaça entre os dedos. É um fio longo, verde e azul, com cheiro de limos, e tem a macieza quente do lodo vivo. É um rio. Corre-me nas mãos, agora molhadas. Toda a água me passa entre as palmas abertas, e de repente não sei se as águas nascem de mim, ou para mim fluem.*
>
> José Saramago, 1987

A experiência descrita na epígrafe nos apresenta o fio que aparece como solto, mas que está ligado ao novelo emaranhado do mundo interno do poeta, com suas memórias e seus nós cegos. De forma semelhante, fios soltos se apresentam também ao analista que, por meio de sua implicação, capacidade de abertura e acolhimento aos conteúdos emocionais do analisando, muitas vezes já não pode também distinguir exatamente a origem das águas que correm por suas mãos.

Nesse mar de águas fluidas nas quais circulam tantos pensamentos-sonhos da dupla analítica, esse texto apresenta as contribuições de Marina Ferreira da Rosa Ribeiro que, norteada pelo pensamento kleiniano, orientada por correntes bionianas e por importantes pensadores contemporâneos como Thomas Ogden, Antonino Ferro, Arnaldo Chuster e Luís Claudio Figueiredo, tem desenvolvido ideias instigantes e autorais sobre a intersubjetividade na situação analítica. Suas investigações teórico-clínicas ampliam e revigoram o pensamento psicanalítico, pois promovem um diálogo fecundo entre teorias alocadas em tradições distintas.

As contribuições de Ribeiro sobre o tema da *reverie* têm se destacado no cenário psicanalítico atual, pois expandem as reflexões sobre a clínica psicanalítica no que se refere às transformações em análise e, essencialmente, à implicação do analista, sua capacidade de escuta e presença.

Segundo a psicanalista, a *reverie* ocorre via identificação projetiva, a partir da capacidade da mãe de acolher e metabolizar os conteúdos não pensados do bebê.[17] A autora considera que, a partir de Bion, os conceitos são compreendidos de forma espectral, relacionados entre si, "nascidos" de um movimento contínuo no qual eles se separam e se encontram, fundem-se e distanciam-se.

Ribeiro diz que a identificação projetiva seria a intuição kleiniana de que há uma via de comunicação entre o inconsciente de duas mentes. Dessa forma, a psicanalista considera o conceito de identificação projetiva como um marco, um alvor no vasto campo de investigação psicanalítico. A partir de Bion (1962/1991), a identificação projetiva é ampliada e entendida como uma atividade básica da mente humana para comunicar emoções.

Em muitos de seus trabalhos, Ribeiro afirma que a identificação projetiva foi o conceito que mais teve desdobramentos no cenário psicanalítico, mostrando que uma ideia pode conter em si múltiplos vértices de compreensão em produções de analistas do mundo inteiro. Ela sugere ainda (2020) que o conceito de *reverie* provavelmente tenha o mesmo destino, por sua pregnância clínica e por estar no mesmo espectro de outros importantes conceitos do arcabouço teórico bioniano, entre eles o de intuição, função alfa e de função psicanalítica da personalidade.

---

17 Ribeiro assinala uma única passagem na qual Bion, em uma nota ainda inédita publicada nas *Obras completas*, diz que a *reverie* seria uma forma de fabricar um pensamento, ainda sem pensador (Bion, 1967/2014), referindo-se, portanto, não mais somente à *reverie* entre a mãe e seu bebê, mas também à capacidade de *reverie* do analista.

A autora (2017) compreende a *reverie* como um estado de permeabilidade e disponibilidade mental e emocional para o outro. Ela implica a capacidade imaginativa da mente para sonhar a brutalidade da realidade. Ribeiro reitera a ideia de Ogden (2013) de que, em um primeiro momento, a *reverie* mostra-se como um estado extremamente desorganizador no qual o analista se sente arrastado por "imagens pictóricas", termo escolhido pela autora para descrever a imagem "pintada" na mente do analista.

Ribeiro sustenta a ideia de que esse estado de receptividade e hospitalidade pode ser experimentado como desorganizador e disruptivo para o analista, pois a *reverie* frequentemente surge como uma experiência de estar à deriva e sem ter a menor ideia do que aquilo representa e para onde irá levá-lo. Porém, um sentido poderá emergir, ainda que no *a posteriori* da sessão. Nem sempre a *reverie* se desdobra na análise como uma construção analítica, narrativa ou interpretação, mas ainda que ela não seja utilizada na sessão, ela sempre implica o analista em um importante trabalho de metabolização dos conteúdos não sonhados na situação de análise.

De acordo com a autora, a *reverie* emerge na mente do analista a partir de um estado de hospitalidade, uma abertura para sermos habitados pelo outro. Como de costume em suas produções, Ribeiro constrói articulações entre a psicanálise e a literatura, sendo tal diálogo um importante instrumento de captação e expressão das emoções. Assim, para articular as ideias sobre esse estado de hospitalidade que deve existir para que a *reverie* possa ocorrer, a autora cita uma passagem do poeta moçambicano Mia Couto (2012):

> *E o segredo é estar disponível para que outras lógicas nos habitem, é visitarmos e sermos visitados por outras sensibilidades. É fácil sermos tolerantes com os que são diferentes. É um pouco mais difícil sermos solidários com os outros. Difícil é sermos outros, difícil mesmo é sermos os outros.*

Assim, para que a mente do analista possa ser habitada pela do analisando, ela precisa estar disponível e aberta, e apresentar-se em um estado sem memória, sem desejo, sem compreensão prévia (Bion, 1967/2014; 1992/2000), pois cada paciente e cada sessão de análise é sempre uma experiência inédita, que nos implica a tarefa de desbravar o território complexo e enigmático da experiência emocional.

A autora enfatiza que a *reverie* ocorre entre cesuras, ou seja, ela emerge entre as constantes oscilações de estados mentais na sala de análise. Cesura[18] é um termo inspirado em Freud quando, em seu texto *Inibição, sintoma e angústia*, cita o vocábulo na célebre frase: "Há muito mais continuidade entre a vida intrauterina e a primeira infância do que a impressionante cesura do ato do nascimento poderia nos fazer acreditar" (Freud, 1926/2014, p. 19). Há aí, portanto, desde Freud, a ideia de um paradoxo entre ruptura e continuidades. Mas é em Bion que podemos conferir mais nitidamente a ideia de uma simultaneidade entre tais elementos, dando, então, à cesura um estatuto de conceito quando amplia a compreensão do que fora postulado por Freud, quando sugere: "Investigar a cesura; não o analista; não o analisando; não o inconsciente; não a sanidade; não a insanidade, mas a cesura, o vínculo, a sinapse, a (contratrans)-ferência, o humor transitivo-intransitivo" (Bion, 1977/1989, p. 56).

As cesuras representam, portanto, a partir de Bion, uma passagem contínua entre estados mentais, em um movimento paradoxal que promove ruptura e continuidade. É entre finito/infinito, consciente/inconsciente, não sensorial/sensorial, conhecido/incognoscível, representado/não representado que o trabalho analítico ocorre, em um movimento constante entre esses polos. O analista precisa, desse modo, lidar com o não sensorial, que é intuído, ou seja, a

18 O termo cesura também está relacionado à estrutura da escrita poética e diz respeito ao espaço entre as estrofes que as separa e, ao mesmo tempo, as conecta, e dessa forma dá ritmo à poesia.

intuição psicanalítica é a via pela qual um inconsciente capta o outro sem nenhum apoio sensorial, e dali nasce uma forma, a *reverie*, que emerge entre cesuras na situação analítica.

Para nomear os processos psíquicos envolvidos na experiência emocional da intuição e da *reverie*, a autora privilegia o uso do termo afetação enigmática[19], pois este traduziria a abertura para se deixar afetar pelos sinais de vida psíquica, elementos captados pela intuição do analista na cesura entre consciente/inconsciente e transformados em uma imagem. O analista estaria, portanto, trabalhando entre o não sensorial e o sensorial, entre o disforme e a forma, o inaudível e o que pode ser captado em uma alucinação auditiva, o invisível e o que pode ser visto pelo "terceiro olho da mente".

O trabalho analítico ocorre, portanto, na cesura entre aquilo que não se apoia a nenhum elemento sensório e aquilo que pôde ser transformado em uma representação pictórica, ou seja, uma imagem que está enraizada no campo sensorial, uma experiência emocional fenomenalizada pela capacidade de *reverie*.

Para Ribeiro (2022), a partir de uma compreensão espectral dos conceitos, podemos compreender que há sempre um ponto de indecidibilidade, no qual não é possível saber em qual dos dois polos do espectro estamos. Segundo a autora, a imprecisão e a indecidibilidade fazem parte das nuances das cesuras constitutivas da mente, e compara ao gradiente de cores contido no espectro solar, em que a passagem de uma cor para outra não pode ser notada com precisão. Muitas vezes, não se pode dizer se é "essa ou aquela" cor, pois há um ponto de indecidibilidade: é "uma e outra", entre as cesuras de suas opacidades e transparências.

---

19 Ribeiro menciona em suas publicações que o termo "afetação enigmática" foi utilizado por Luís Claudio Figueiredo em uma banca de qualificação, e a autora o privilegia em suas produções por sua compreensão de que, de fato, o analista é afetado pelo enigmático da experiência emocional na situação analítica.

A intuição, por exemplo, existe como um estado de mente consciente (*awareness)*, uma observação presentificada, mas também como uma experiência inconsciente. Nela, a função alfa atua na experiência emocional em estado bruto, metabolizando o enigmático, transformando-o em um elemento onírico, sendo capaz de captar um pensamento não pensado e, a partir dele, criar uma imagem na experiência da *reverie*.

A intuição psicanaliticamente treinada seria, portanto, segundo Ribeiro (2023), uma abertura para a escuta do inaudível, a visão do invisível. A capacidade intuitiva não se vincula a uma sensorialidade, implica, sim, a capacidade imaginativa da mente, é a capacidade de deixar-se hospedar pela mente do analisando para que ambos possam, entre cesuras, sonhar a brutalidade da realidade. Citando Ogden (2013), a autora ressalta que, quando a mente é imaginativa, ela capta os mais tênues sinais de vida.

Para a autora, as reflexões bionianas sobre a intuição psicanalítica nos levam a considerar a intuição como uma afetação enigmática que ocorre entre diferentes cesuras e que estão em constante oscilação. Pensando com Bion, Ribeiro nos apresenta um modelo de mente multifacetada, constituída por cesuras, ou seja, marcas da constituição do aparelho psíquico que é enredado por separações e continuidades, um trânsito que se dá a todo momento, de um estado mental para outro, movimento que separa, une, estende e cria outros estados mentais.

Desse modo, Ribeiro (2023) afirma que o estado de intuição é favorecido pela proposição de Bion – sem memória, sem desejo, sem compreensão prévia –, estado do qual emerge a *reverie*. A intuição está fora do campo das representações, está em um campo indiferenciado; já a *reverie* é um pictograma, está no campo das representações, daquilo que tem uma forma, uma diferenciação.

Mas qual seria então a diferença entre a intuição e a alucinação? Seria a intuição um movimento ligado à parte psicótica da mente? Ribeiro (2022) considera que a intuição ocorre entre a cesura das partes psicótica e não psicótica da mente, ou seja, evoca ruptura, desorganização, turbulência emocional, mas também implica continuidades. Essa é a principal diferença: nos estados de intuição e *reverie*, um sentido pode emergir, e na alucinação, há um estado predominantemente psicótico de mente, no qual não se encontra um sentido.

Para organizar os elementos não sensoriais (intuição) e os sensoriais (imagens/formas criadas pela *reverie*), podemos pensar, em termos bionianos, que o analista não precisa buscar respostas, mas, sim, tolerar esse estado de desorganização e desorientação emocional, mantendo a fé psicanalítica[20] de que um sentido emergirá daquela experiência que, ainda que carregue consigo aspectos alucinatórios, em um momento posterior, o analista poderá compreender que ela ocorreu pela via da intuição. Para Ribeiro, ainda que nem sempre a *reverie* gere uma interpretação ou uma construção analítica, ela poderá, posteriormente, favorecer a compreensão sobre o que se passa no encontro analítico.

Para tolerar esse estado disruptivo, o analista precisa contar com sua capacidade negativa, pois, segundo Ribeiro (2020), ela o torna capaz de suportar o não saber, abre caminhos para que a mente do analista possa ser hospedada pelo outro e, como no poema de Mia Couto, possa tornar-se capaz de emprestar a si mesmo para que o analisando o habite, pois ser habitado pelo outro gera um intenso estado de desordem, ainda que momentânea.

Sobre a capacidade negativa, Ribeiro (2019b) faz uma analogia com a experiência de uma criança pequena que vê o mar pela primeira vez, experiência na qual não há memória, não há desejo ou necessidade de compreensão. Há apenas a abertura para viver o novo,

---

20 O ato de fé, segundo Bion (1970/1991b), é a capacidade do analista de esperar que algo possa emergir e dar um sentido à experiência emocional. É um ato "científico" de tolerar o não saber. Para o autor, é necessário que o analista renuncie à memória e ao desejo, e que tolere o incognoscível, até que os sentidos se mostrem.

o desconhecido. Há um estado de receptividade para aquela experiência surpreendentemente inédita.

A autora reitera que tal situação é correlata ao que deveria ser o estado de mente do analista antes da sessão com seu paciente. Consonante às ideias de Bion (1992/2000), Ribeiro reforça que o trabalho do analista é um ofício que exige coragem, e que todo analista deveria sentir medo, pois ele não pode supor quais serão as emoções que circularão em cada sessão.

A psicanalista (2019b) compara a capacidade negativa a uma película transparente escura que recebe quaisquer impressões, ou melhor dizendo, afetações enigmáticas, e que a mente do analista precisaria dessa qualidade negativa para que possa apreender tais impressões, a partir de um estado de receptividade, hospitalidade e continência a quaisquer conteúdos da intersubjetividade do encontro analítico.

Complementando a analogia, Ribeiro diz ainda que o processo de "revelação" precisa de um ambiente escuro (o não saber), assim como um tempo de espera para que o negativo se realize, e que a imagem captada (*reverie*) possa ser revelada. Nesse caso, a precipitação da luz (intolerância ao obscuro da experiência) poderia "queimar" o filme. Ou seja, é a partir da capacidade negativa que o analista se torna capaz de aguardar que um sentido possa emergir no *a posteriori* da experiência.

Para Ribeiro (2017), diante do abismo psíquico que pode se instaurar durante uma sessão, a fé do analista é um fator preponderante. É fundamental que o analista tenha a capacidade de ouvir a si mesmo enquanto ouve seu analisando. A autora traz a ideia bioniana de que o analista está no campo de batalha junto com o analisando, ainda que haja uma assimetria, já que a condução ética é sempre do analista, sendo este o comandante.

> *Usando a guerra como exemplo: não se espera que um oficial esteja inconsciente de uma situação aterrorizadora e perigosa; espera-se, no entanto, que ele seja capaz de*

> *continuar pensando caso se encontre em uma posição em que surja o pânico, o medo... Só que não se espera que ele fuja apesar de estar no meio desta tempestade emocional, espera-se que ele continue pensando de modo claro. Deste modo, ele forma um foco, a partir do qual a reação mais disciplinada vai surgir; os soldados não vão fugir, mas vão começar a reagir. (Bion, 1992/2000, p. 171)*

É nesse ínterim que Ribeiro abre caminhos para uma compreensão mais ampla sobre os processos mentais aos quais estão vinculadas as noções de *reverie* e intuição. A autora propõe uma concepção psicanaliticamente inovadora de que a intuição (não sensorial) se fenomenaliza na *reverie* (fenômeno sensorial), havendo assim uma evolução de um estado de mente intuitivo para a *reverie*. Essa evolução ocorre entre várias cesuras instáveis e oscilantes da mente do analista.

A imagem[21] a seguir é utilizada pela autora para ilustrar a complexidade conceitual de sua conjectura e iluminar o fenômeno clínico:

---

21 <https://br.pinterest.com/pin/299278337712804587/?amp_client_id=CLIENT_ID(_)&mweb_unauth_id={{default.session}}&simplified=true.>. Acesso em: 18 fev. 2025.

Na foto, o boto que surge justamente no ponto de confluência dos rios Negro e Solimões é usado pela autora para ilustrar as cesuras do encontro analítico, de onde despontam os conceitos. As águas que se juntam, misturam-se num movimento oscilante e contínuo, como o da mente, entre cesuras, entre estados mentais que se juntam e se separam, entre continuidades e rupturas.

Ribeiro aponta para o fato de que, na imagem, a parte do boto que emerge da cesura das águas, seria a *reverie*, ou seja, é o que emerge na mente do analista, entre as cesuras, e que se fenomenaliza como um ideograma, algo sensorial. Já a parte do boto que está submersa, poderia ser compreendida como sendo a intuição psicanalítica. A capacidade intuitiva é a parte que não é sensorial, não é visível, mas que está lá, dando "corpo" para a *reverie* emergir.

Dessa maneira autoral e inédita, a autora conjectura a *reverie* como sendo uma evolução da intuição psicanalítica. Ribeiro privilegia o termo evolução pensando-o a partir de Bion, referindo-se àquilo que evolui da sessão, que emerge e ganha forma. Para tal, a autora questiona se a *reverie* tem como esteio a capacidade de intuição do analista, fator primordial da função psicanalítica da personalidade (Bion, 1962/1991) e que, segundo Ribeiro, seria uma habilidade fundamental ao analista para que o inaudível e o invisível intuídos possam se fenomenalizar pela *reverie*.

A autora considera a intuição psicanalítica como uma afetação enigmática, que ocorre no fluxo tenaz e constante de estados transitórios de mente – as cesuras –, e que evolui para a captação de um ideograma, uma imagem – a *reverie* –, um pensamento imaginativo em busca de um pensador na intersubjetividade do encontro analítico.

Da intuição à *reverie*: revelando a pictografia

Figura 6 *Arco-íris*, Paul Klee (1917).[22]

Como nuvens pelo céu
Passam os sonhos por mim.
Nenhum dos sonhos é meu
Embora eu os sonhe assim.

Fernando Pessoa, 2000

Quando ouço Paulo chegar para a sessão, em vez de olhar para o relógio para confirmar o horário (como sempre faço), automaticamente pego em minhas mãos um calendário que mantenho sobre a mesa. É um presente que ganho anualmente de uma amiga, uma artista nordestina muito talentosa que todos os anos cria esses calendários, nos quais a ilustração de cada mês é uma de suas pinturas, uma arte impressionista em que ela retrata imagens diversificadas, utilizando-se de incontáveis tonalidades de cores refletidas pela luz do sol.

As figuras representadas são expressivas, vivas, formadas por pinceladas soltas, sem contornos nítidos. Traços marcados por colorações luminosas e vibrantes, criadas pela mistura das tintas e que

22 Klee, Paul. *Arco-íris*. 1917. Aquarela e tinta sobre papel, 31,1 x 23,8 cm. Zentrum Paul Klee, Berna, Suíça.

transformam todo o cenário em um fluxo integrado de figuras, sombras, luzes, sinergia. Era setembro e a pintura daquele mês era a de uma paisagem de primavera, com flores em tons de turquesa e grená.

Levanto-me da mesa e encaminho-me até a porta para aguardar Paulo. Inesperadamente, no mesmo momento em que o avisto apontando no corredor, me vem à mente a imagem de um astronauta em meio a uma viagem espacial. Não havia uma nave, apenas o cosmonauta e o cenário cósmico: luminosas galáxias e toda a complexa interação entre a matéria escura e a cintilante vida interestelar.

Sinto-me abduzida por aquela imagem pintada em minha tela mental com tamanha nitidez e perfeição. Penso, como em um *flash*: "A imagem de hoje (referindo-me ao calendário) deveria ser a desse astronauta". E ainda antes que Paulo chegasse até mim, pensei: "Deve ser pesada a roupa do astronauta[23] quando ele está fora de órbita!".

Percebo-me absorta nessa visão alucinatória, nessa imagem-sonho criada em fração de segundos e que ocupava um lugar importante em minha mente, como se esse processo tivesse durado horas. E os segundos-horas se estendiam e se misturavam ao lusco-fusco das ideias, entre a poeira interestelar e o chão do corredor que Paulo percorria até meu encontro. Fico intrigada com aquele pensamento desconexo. Imagino que talvez fosse pelo horário, pois Paulo era o último atendimento daquele dia, eu já devia estar cansada, por isso tal "distração", supus.

Paulo entra, cumprimenta-me com um ar mais pesado do que o de costume, deita-se no divã, suspira alto e, em uma espécie de descarga, diz: "Que alívio estar aqui! Queria até ter sugerido antecipar minha sessão de hoje... Estava ficando difícil... Minha cabeça tem estado tão dispersa, minhas ideias estão soltas... Isso estava me agoniando. É ou não é um dia ideal para a análise?" – e ri, um pouco constrangido pelo comentário.

---

23 A vestimenta que um astronauta usa recebe o nome de EMU (unidade móvel extraveicular – *extravehicular mobile unit*).

Penso: "Que coincidência estarmos ali, entre estados 'avoados' de mente... Eu com meu astronauta impressionista pairando fora de contexto em meus pensamentos, e Paulo com sua cabeça dispersa e ideias soltas. Pensamentos flutuantes, suspensos no ar".

Confirmando minha sensação de que havia se sentido constrangido anteriormente, Paulo se justifica: "Não quero dizer que a análise coloque as coisas no lugar, não é isso... Pelo contrário, às vezes sinto que preciso da análise para conseguir desencaixotar coisas que estavam trancadas em minha mente, sem oxigenação.".

A pictografia do astronauta retorna vivaz em minha mente. Aquela "imagem-sonho" criada no momento de sua chegada me invade e então lhe digo: "É preciso oxigênio para sair de órbita, não é? E por mais pesada que seja, é a roupa do astronauta que dá a segurança para que ele possa se lançar ao desconhecido, flutuar pela escuridão e descobrir que ela também é habitada por infinitas constelações.".

Paulo me olha como quem se sente compreendido e complementa: "Sim... Sinto que aqui eu posso voar e que estou seguro, sei que vou poder voltar à terra firme.".

Ainda que a imagem criada tenha se mantido por algum tempo como intrusiva e desajustada, a desorganização mental gerada não me impediu de estar ali com Paulo e valorizar as impressões-sonhos causadas em mim, mesmo sem entendê-las *a priori*. As imagens que se formaram, ora com nitidez, ora com embaçamentos-neblina, foram fruto de um encontro entre mentes.

Nos entrepontos intuitivos de Marina F. R. Ribeiro

Um astronauta orbitando entre a obscuridade dos elementos que invadiam minha mente e a reluzente vida interestelar, entre finito e infinito, entre rupturas e continuidades: cesuras. Abduzida pela imagem pintada em minha tela mental, entrego-me a uma sequência de devaneios. Entre eles: "Deve ser pesada a roupa de astronauta quando ele está fora de órbita!".

Estaria eu tomada pela arte impressionista de meu calendário, apreciada tão ligeiramente no exato momento que precedia a chegada de Paulo para aquela sessão? Mas por que um astronauta? O cenário artístico retratado naquelas folhinhas era outro, em sua maioria imagens inanimadas como paisagens e flores. Se bem que as imagens me chamavam menos a atenção do que as cores e as formas... Essas, sim, me encantavam naquele anuário: entre as sombras, o que sobressaía eram as luzes, a sinergia entre as pinceladas borradas no papel. Havia tudo isso naquela imagem-sonho que se alastrava em minha mente, alterando a percepção do tempo-espaço. Lá estava eu, orbitando com meu astronauta, enquanto aguardava Paulo caminhar pelo corredor, até chegar ao meu encontro.

Em consonância às ideias de Marina F. R. Ribeiro, podemos compreender a experiência da *reverie,* na pictografia apresentada, como um estado de abertura, de hospitalidade, uma permeabilidade e disponibilidade mental e emocional ao outro. A *reverie* surge como um estado extremamente desorganizador no qual a analista é arrastada por "imagens pictóricas", o astronauta impressionista. Uma afetação enigmática, termo privilegiado pela autora para descrever o impactante contato com o incognoscível que ali se fazia presente, favorecido por uma abertura da analista para se deixar afetar e, dessa forma, poder acessar os elementos intuitivos, na cesura entre consciente/inconsciente, e estes poderem ser transformados em imagem.

Entre o sensorial e o não sensorial, entre o disforme e a forma, o desconcerto pela ideia de estar me distraindo, aos poucos, dava espaço para que a escuta se mantivesse aberta e fluida. Eis que Paulo inicia a sessão com uma frase que, no momento em que era dita, unia-se e misturava-se ao lusco-fusco dos meus pseudopensamentos sobre aquela viagem galáctica.

Quando a imagem do astronauta ressurge viva, no momento em que Paulo diz "às vezes sinto que preciso da análise para conseguir desencaixotar coisas que estavam trancadas em minha mente, sem oxigenação", percebo nitidamente que aquela imagem-sonho havia sido criada para indicar que, por vezes, a análise era o espaço "oxigenado", no qual Paulo conseguia sair de órbita e, depois, retornar. Sair da órbita era assustador, parecia-lhe catastrófico. Mas a EMU, a "roupa do astronauta", ou seja, a continência do campo intersubjetivo da análise, conferia-lhe a segurança necessária para que ele pudesse se lançar ao desconhecido, à escuridão dos fragmentos intergalácticos de seus traços mnêmicos e conflitos emocionais.

Ainda que aquela afetação enigmática me causasse desconcerto, tentei organizar minimamente a poeira cósmica que cobria meus pensamentos, mas percebia que a tal poeira, em vez de sujá-los, trazia às ideias que se formavam a mesma sinergia que os borrões impressionistas. Eram borrões, sim, mas que iam ligando as cores, as formas e, entre cesuras, algo ia sendo construído em minha mente, me ajudando a pensar a experiência emocional com Paulo. O astronauta era intuído, um inconsciente captando o outro sem nenhum apoio sensorial. Ainda assim, lá estava ele, com suas cores rutilantes. Por meio de uma *reverie*, aquela intuição pôde ser fenomenalizada em minha tela mental.

A *reverie* se desdobra, então, como uma construção geradora de narrativas e interpretações: "É preciso oxigênio para sair de órbita, não é? E por mais pesada que seja, é a roupa do astronauta que dá a segurança para que ele possa se lançar ao desconhecido, flutuar pela escuridão e descobrir que ela também é habitada por infinitas constelações.".

E a sessão prossegue em expansão quando Paulo responde: "aqui eu posso voar e sei que estou seguro, sei que vou poder voltar à terra firme.".

Assim como conjectura Marina Ribeiro, a partir de um estado de abertura e hospitalidade, entre cesuras, a intuição psicanalítica da analista, sem nenhum apoio sensorial, evoluiu para a criação de uma imagem pictórica: a *reverie* do astronauta. Entre as cesuras da sala de espera/sala de análise, imagem do calendário criada por minha amiga/imagem criada em minha mente pelas subjetividades de analista e analisando, que colocam a dupla entre o estar dentro e fora de órbita... Tantos elementos sendo captados nesse movimento oscilante, contínuo e infinito do encontro entre mentes, entre cesuras, entre estados mentais que se juntam e se separam, entre continuidades e rupturas.

Por meio de uma comunicação entre as mentes de analista e analisando, pensamentos-sonho flutuavam no espaço analítico. Soltos pelo ar, como nuvens que passam pelo céu, como também os sonhos passam pela mente da analista. Sonhos intuídos, no horizonte infinito de emoções que permeiam a análise. A nuvem passageira da intuição que vai se transformando em uma forma, como nas brincadeiras de infância.

Um astronauta, *reverie* modelada na mente-céu, por onde passam os sonhos-nuvens da intuição psicanalítica. E assim, analista e analisando viajam juntos pelo espaço, por entre as nuvens e imagens criadas na imensidão celeste, desbravando o desconhecido e descobrindo novas galáxias.

3.6 Sonhando no corpo: Giuseppe Civitarese e a noção de reverie *somática*

E o corpo, que é o que é, eis que não pode mais se conter na extensão! – Onde ficar? – Onde mudar?. . . Sendo coisa, explode em acontecimentos! Exalta-se! – E como o pensamento excitado toca em toda substância, vibra entre os tempos e os instantes, atravessa todas as diferenças; e como em nosso espírito se formam simetricamente as hipóteses, e como os possíveis se ordenam e se enumeram – esse corpo exercita-se em todas as suas partes, e se combina consigo mesmo, e dá forma depois de forma, e sai sem cessar de si!

Paul Valéry, 2005

Corpo-espaço, campo que se faz de infinitos elementos, substâncias. É o dentro, conteúdo. É o fora, exterioridades. É também o entre, conectividade. O corpo é uma estância complexa, intra e intersubjetiva, emoldurada pela pele. Mas esta, porosa que é, permite sermos transmeáveis. Constitui-se de duas partes entrelaçadas e coexistentes: *psique* e *soma*. O corpo tem natureza não monádica, não hermética, visto que é, originalmente, um território desde sempre habitado por outros corpos.

Nesse contexto, inserimos as ideias do psicanalista italiano Giuseppe Civitarese, cujas produções têm alcançado um importante espaço no cenário psicanalítico atual. Inspirado em bases filosóficas e nas contribuições de Bion, Winnicott e de psicanalistas contemporâneos como Ogden, Ferro e Roussillon, o autor nos apresenta um pensamento clínico criativo e instigante que tem contribuído para a ampliação da teoria e da técnica psicanalítica no que se refere ao lugar do analista e ao enquadre, considerando o espaço de análise como um campo intersubjetivo no qual o corpo é tomado como parte essencial.

Entre suas formulações, encontra-se o conceito de *reverie* somática[24], que tem muito a contribuir com as construções aqui desenvolvidas. Para Civitarese (2010; 2018; 2021), além de imagens ou ideias, a *reverie* também pode ser experimentada em forma de sensações e ações. A *reverie* somática é um estado de sonho no corpo[25] (ou seja,

24 Ainda que em algumas das produções do autor o termo tenha sido traduzido na forma masculina como "o *reverie*", bem como "*reverie* somático", opto, em todo este livro, conforme explicitado anteriormente, pelo termo *reverie* empregado no feminino, por isso aqui me refiro ao conceito de Giuseppe Civitarese da mesma forma: *reverie* somática, como também é utilizado na tradução francesa: "*la rêverie somatique*".

25 "Rêver dans les corps" (Sonhar nos corpos) é o subtítulo do texto *Champ incarné et rêverie somatique* (Civitarese, 2018). O corpo do qual Civitarese nos fala, bem como sua ideia de campo somático, não corresponde à concepção de algumas escolas psicossomáticas, nas quais o psíquico pode diferir do somático. O autor nos apresenta uma concepção bem específica e autoral de soma – um corpo dotado

no campo somático) que nos permite entrar em contato com o primeiro estágio do pensamento inconsciente[26], ainda não metabolizado pela função alfa, e que, a partir da emergência de pictogramas corporais, ganha vida. Como uma espécie de GPS, esses pictogramas têm um potencial para indicar as posições ocupadas pelo par analítico na situação de análise, bem como identificar a qualidade do vínculo emocional entre analista e analisando.

O autor (2016a) atenta para o fato de que o termo *reverie* tem sido usado indiscriminadamente, em um movimento semelhante ao ocorrido com o conceito de contratransferência. Ele diz que, até pouco tempo atrás, tudo o que o analista experienciava na sessão era compreendido como contratransferência, e, atualmente, o mesmo tem ocorrido com o conceito de *reverie*. Todavia, o psicanalista italiano reforça que a *reverie* é um sonho que sonhamos acordados, algo que experimentamos mediante um estado de abertura, de passividade, que difere do pensamento associativo. Ela emerge em nossa mente de modo disruptivo, não estando, necessariamente, associada a nada do que esteja acontecendo ou sendo dito na sessão.

Apoiado nas formulações do casal Baranger sobre a teoria do campo analítico, Civitarese compreende o campo sensório como intercorpóreo.

---

de um impulso para a representabilidade, e, assim, o somático pode ser tanto o escoadouro de uma pulsão ainda sem representação, quanto um canal de captação de sentidos. Desse modo, o campo analítico não seria apenas um campo psíquico, ele começa sendo um campo corporal. O autor marca, assim, uma continuidade entre o somático e o psíquico, um processo no qual o corpo é parte do campo analítico e é por meio dele que se inicia, segundo Civitarese, o sonhar. É a partir desse corpo que são experimentadas múltiplas dimensões de comunicação que auxiliarão no processo de simbolização, na representação e, por consequência, na expansão da mente.

26 Civitarese trata como "primeiro estágio do pensamento" o fato de que, na *reverie*, as sequências de elementos beta são transformadas e sintetizadas em elementos alfa pela função alfa, a partir dos quais, então, surgirão as possíveis narrativas do pensamento onírico.

A noção de intercorporeidade proposta por Merleau-Ponty (1959-1960) passa a reconhecer as relações entre o eu e o outro a partir da copresença dos corpos e das intensidades sensíveis compartilhadas.

A dimensão corpórea ganha destaque nas teorizações de Civitarese, visto que, segundo o autor, a experiência da análise decorre, para analista e analisando, a partir do (e atravessada pelo) corpo. O autor considera o campo analítico um campo sensorial, semiótico e somático. O corpo do qual o autor nos fala é vivido não apenas como uma estrutura orgânica, mas como um espaço paradoxal de relaxamento e tensão, de quietude e aflição. O corpo sensório recebe e (des) acomoda em si o contato com tudo o que é externo, é a estremadura do interno/externo, do eu/não eu.

Isso posto, o corpo é compreendido como um lugar, um terreno que nos permite sermos nós mesmos, diferenciarmo-nos dos outros, criarmos conexões, reconhecermos semelhanças, sentirmos os afetos, sofrermos as dores. Ou seja, um corpo semiótico, somático, criado originalmente pelo outro, constituído permanentemente pela abertura ao encontro e pelas experimentações entre o físico e o sensível. Criado por sensações e percepções, tanto do concreto quanto do impalpável, que é apenas sentido, sem necessariamente ter sido significado, o corpo tem a capacidade de ver o invisível, captar os mais sutis e efêmeros movimentos.

Assim, a ideia de corpo aqui apresentada pretende ultrapassar quaisquer barreiras reducionistas que levem o leitor a pensá-lo como um invólucro material biologicamente composto e que opera no polo contrário ao conceito de mente. Interessa-nos pensar o corpo como um lugar que contempla o interno e o externo, ou seja, o intrapsíquico com seus objetos e conteúdos do mundo interno, suas marcas e seus registros, sua demanda pulsional, e, simultaneamente, o intersubjetivo, com sua abertura para as relações com o mundo, com sua capacidade para comunicar-se.

Dois psiquismos, dois corpos, um campo intercorpóreo que os vincula simbioticamente (Civitarese, 2010). Para o autor, é a partir da vivência do vínculo simbiótico[27] que a diferenciação pode ocorrer, seja na relação entre o bebê e sua mãe, seja entre analista e analisando. O espaço de análise é, assim, cocriado pelas corporeidades de ambos. Dessa maneira, é evidente que tensões podem emergir e que delas decorram violações no *setting*.

Ampliando a discussão sobre a visão de campo intercorpóreo de Civitarese, Coelho Jr. (2010, p. 59) propõe o termo cocorporeidade, privilegiando-o em relação à intercorporeidade, pois compreende que o campo sensório da análise não se faz a partir da ênfase no "entre corporeidades", mas, sim, na copresença de duas corporeidades que trazem consigo o Eu e o outro.

Segundo Coelho Jr., a cocorporeidade é a presença de ambas as corporeidades, de analista e analisando, em que cada qual é mais do que uma unidade fechada em si, é sempre a simultaneidade das duas corporeidades, coexistindo em um nível de diferenciação e indiferenciação. O autor destaca a corporeidade como sendo: "um tecido material e energético, móvel e instável, movido por forças pulsionais em sua remissão aos objetos e marcado por interferências de intensidades internas e externas, constituindo um campo de forças e proto-sentidos" (2010, p. 53).

Dada a intensidade das forças que emergem do campo (que, como vimos, é um *setting* corporal, sensório), o pensamento de Giuseppe Civitarese destina-se também à ideia de que as violações no *setting* se tornam possíveis, até mesmo corriqueiras. Além disso,

---

27 Civitarese (2010) compreende que haveria um vínculo simbiótico na situação analítica, visto que existe a indiscriminação entre os corpos e os psiquismos de analista e paciente, e que a diferenciação ocorre gradativamente. Para o autor, o vínculo simbiótico tem um papel de ser um "*background*" para a aceitação da diferença (p. 26). Assim, o campo simbiótico opera como um ponto de partida para o desenvolvimento humano, um trampolim que parte do primitivo estado de fusão para alcançar a diferenciação entre o eu e o mundo.

o autor compreende que elas não geram, necessariamente, uma descontinuidade no processo analítico.

A violação muitas vezes é sentida como uma ruptura, porém denota a captação de um elemento presente, uma atualidade do *setting* sendo comunicada via corpo, podendo, a partir dali, criar uma continuidade, gerando possíveis sentidos. A porosidade do corpo representa um potencial para o contato com o mundo, com todas suas dores e seus entraves, que corroboram para a diferenciação e expansão de si mesmo.

Lembro-me de uma passagem de Clarice Lispector:

> *Era já. Pela primeira vez na minha vida tratava-se plenamente de agora. Esta era a maior brutalidade que eu jamais recebera. Pois a atualidade não tem esperanças, e a atualidade não tem futuro: o futuro será exatamente de novo uma atualidade. Eu estava tão assustada que ainda mais quieta ficaria dentro de mim. Pois parecia-me que finalmente eu ia ter que sentir. Parece-me que vou ter que desistir de tudo o que deixo atrás dos portões. E sei, eu sabia que se atravessasse os portões que estão sempre abertos, entraria no seio da natureza. Eu sabia que entrar não é pecado. Mas é arriscado como morrer. Assim como se morre sem saber para onde, e esta é a maior coragem de um corpo. (Lispector, 1979, p. 76)*

A experiência descrita pela escritora condensa as sensações vividas por analista e analisando, cujas fronteiras corpóreas se mostram incipientes, nódoas. A *reverie* somática é, muitas vezes, atordoante, desoladora, e apesar de parecer uma falha, indica que há uma abertura para a comunicação sensorial, não falada. É vivida no corpo como se palpável fosse. É a captação daquele instante intersubjetivo, é o corpo sendo usado como uma folha a ser rabiscada, e ainda que os traços, riscos e rabiscos grafados não tenham um sentido aparente, ali realiza-se um importante registro corpóreo, somático, sensorial.

O corpo do analista registra tais impressões como atuações e, dessa forma, causam afetações que podem gerar violações no *setting*. Todavia, estas, sendo sonhos no corpo (*reveries* somáticas), podem ser seguidas de um "despertar", seja pela construção de narrativas, interpretações, ou ainda pela compreensão do que se passa na intersubjetividade/intercorporeidade do campo, segundo conjectura Civitarese (2021).

Torna-se possível, ainda que *a posteriori*, pensar sobre o que estamos vivenciando na dimensão corporal como um fenômeno intersubjetivo, intercorpóreo. Para isso, o analista precisa estar em um estado de conectividade com o que está sendo comunicado, ou seja, estar atento aos fenômenos do campo: tudo que vem sendo trabalhado ou silenciado, tudo que possa ter alguma relação com o que o paciente esteja sentindo, tudo que esteja se referindo ao campo emocional inconsciente e compartilhado.

Desse modo, Civitarese considera as *reveries* somáticas como abstrações que podem ser úteis ao trabalho analítico, pois, para o autor, o verdadeiro despertar é alcançado por meio de uma ação interpretativa mais reflexiva:

> *É precisamente tal qualidade (a atividade reflexiva) que justifica descrever esse tipo de conhecimento semiótico como reconhecidamente corporal, mas também como reverie. É claro que, para interpretá-lo como reverie, precisamos de uma estrutura conceitual adequada, que confira ordem e disciplina a nossas intuições. Em nosso caso, isso é dado pela teoria do campo analítico. (Civitarese, 2021, p. 54)*

Assim, a ação no campo sensório da análise não é vista pelo autor como uma descontinuidade do *setting*, mas como uma tentativa (ou, no mínimo, uma possibilidade) de recuperar algo. Para Civitarese, a ação emerge devido à qualidade da comunicação inconsciente que se faz possível pela intercorporeidade (e, seguindo Coelho Jr., pela cocorporeidade) do campo e que, ainda que gere tensão e violação no *setting*, também pode nos surpreender, gerar mais continuidades do que rupturas.

É fato, pois, que nesse campo sensorial, somático e semiótico, registram-se e atuam-se tais perturbações que emanam do inconsciente. Porém, a experiência da *reverie* somática busca a integração desse todo composto por psique e soma, matéria e afetos, uma vez que, para Civitarese (2021), é a partir dessa integração que damos sentido à nossa existência.

Na visão de Civitarese (2010; 2016b; 2018; 2021), a *reverie* pode servir como uma ferramenta clínica se nós, enquanto analistas, formos capazes de esperar e suportar o desconcerto e a frustração diante da ausência imediata de um significado. As *reveries* têm, portanto, o potencial para a criação de sentidos, ajudando a colorir e dar sons a protopensamentos que ainda não podem ser simbolizados e representados via linguagem.

Em *O sonho necessário* (2010, p. 198), Civitarese enfatiza o papel do sonho e do sonhar no processo analítico. O autor, apoiado em Bion, afirma que o sonho é a base do pensamento, o veículo pelo qual sensações e sentimentos emergem e são passíveis de serem pensados, simbolizados.

Há uma estreita ligação entre a intercorporeidade, as protoemoções e os pictogramas (sejam eles imagens, sensações, ideias ou ações). O corpo é a base fundamental para o sonhar e, dessa maneira, estar atento às *reveries* é uma forma de entrar em contato com um pensamento ainda incipiente. Os sonhos podem, portanto, ser o meio para reintegrar um corpo como uma unidade somatopsíquica.

Como o cenário é intersubjetivo, intercorpóreo e cocorpóreo, as dimensões regressivas podem emergir, pois o campo favorece o contato com processos traumáticos não acessados, elementos ainda não simbolizados. Pode-se, a partir daí, caminhar em direção à criação de formas de simbolização dessas experiências, seguindo o fluxo de movimentos comunicados no corpo e buscando possíveis sentidos dentro de tudo que tem sido vivido naquele campo – uma gama ampla de ideias, imagens, sensações: um sonhar compartilhado.

Pictografias entre corpos: a *reverie* somática na dança do encontro

Figura 7 *La Danse*, Henri Matisse (1909).[28]

a margem que o abraço move
essa terra aquífera das vértebras
árvores que nascem nas correntezas
do corpo da tua água no tempo das mãos
trazes o abraço a se dissolver
esse lugar de um terceiro pulmão
o granito sendo a areia, a memória

28 Matisse, Henri. *La Danse*. 1909. Óleo sobre tela, 260 x 391 cm. Museu de Arte Moderna, Nova York, EUA.

o sopro, a escama, a palavra em aguarrás
guardo o pulmão renascido da saliva
o barco, a barbatana à deriva no corpo
a palavra mar naquilo que se afasta do farol
essa oração para um esquecimento, o silêncio
mútua a margem, o abraço escavado
litoral de um livro sem língua, a esfinge
voz que vem dos olhos, o vulto das mãos
a escuridão da praia em nossos corpos, vês
essa fogueira ainda acesa, os náufragos.

Daniel da Rocha Leite, 2019

Há algumas sessões, Paulo se mostrava fechado. Uma percepção ainda rarefeita me apontava para uma intenção de que aquela barreira do ensimesmamento pudesse representar para ele uma espécie de proteção, uma defesa. Certamente, a favor de si mesmo, por alguma razão... Mas contra quem?

As histórias que vinha trazendo nas últimas semanas eram de total e absoluto desolamento, descrédito e desconfiança nas relações, sentimentos que culminavam em sensação de clausura. Havia algo incomunicável, escorregadio, impossível de se alcançar via linguagem. Eu começava a me sentir consumida por um sentimento de desconexão e descontinuidade. Sentia-me isolada também, em uma espécie de travanca invisível, porém percebida com agrura. Em alguns momentos, essa trava parecia densa, como se taipa rústica fosse, e em outros, sutil, como uma cortina de fumaça. De todo modo, lá estava ela, encobrindo a clareza da experiência, embaçando a visão, obstruindo os sentidos.

Assim como Paulo, sentia-me sozinha, era apenas eu ali, isolada em meu corpo, minhas sensações. Esse estado encapsulado passa a ser experimentado com uma sensação de sufocamento. Estaria eu sufocada pelo ensimesmamento de Paulo ou pelo meu próprio? Estaria sem ar pela inalação daquela cortina de fumaça? Não sinto mais o espaço ao meu redor, somente a experiência asfixiante de ter sido engolida por (em) mim mesma.

Esse mal-estar, que parece ter durado séculos, tomou um tempo que eu seria incapaz de precisar e, de repente, voltei a escutar Paulo. Estranhamente, sua voz estava tão próxima, mas ele continuava distante. Nesse momento, de maneira disruptiva, penso em minha pele. Sinto-me conectada a ela. Essa experiência me domina, não consigo tirar o foco desse órgão e de todas as sensações que brotavam dele (e nele). Tento domesticar aquele pensamento, como se faz com um animal selvagem. Mas ele, arredio, me escapa, assim como Paulo me escapava nos últimos encontros.

Um desespero me invade, ao mesmo tempo que, quando sinto minha pele, é como se eu me reconhecesse novamente habitando meu corpo, não mais prisioneira dele. Sinto um alívio imediato acompanhado de uma intensa sensação de calor, como se a temperatura da sala tivesse aumentado em 10 graus de um segundo para outro. Ainda restavam alguns minutos para o final da sessão quando me levantei, o que surpreendeu Paulo. Ele me olhou assustado como se me perguntasse: "Mas já?".

Em um gesto absolutamente delicado e direto, toco em seu braço e digo que ia apenas diminuir a temperatura do ar. No entanto, algo acontece no instante daquele rápido e inofensivo toque. Já havíamos nos tocado inúmeras vezes, como, por exemplo, sempre que nos cumprimentávamos em sua chegada e saída, ou em outras situações corriqueiras. Mas dessa vez houve um impacto sensorial inédito.

Pude sentir a pele de Paulo, e tive a impressão de que ele também havia sentido a minha. Sensação estranha, ao mesmo tempo geradora de uma experiência apaziguadora. Sinto-me levada às profundezas de águas desconhecidas... Sinto-me submarina, não mais uma náufraga como instantes atrás. Apenas submarina. A impossibilidade de dar sentido para todos aqueles registros no meu corpo já não me assustava mais. Senti novamente profundidade com (em) Paulo.

Na sessão seguinte, Paulo me conta que teve um sonho. Havia sonhado que nadava em um mar extremamente gelado, e naquele momento pensava que, por sorte, dentro dele ainda estava quentinho, por isso não morreria. Mas aos poucos o calor de dentro começa a desaparecer, e então ele começa a se desesperar. Recorda-se, então, de ouvir minha voz no sonho dizendo: "Calma, vou aumentar a temperatura. Você já vai se aquecer". E sentiu um alívio imenso.

Ele diz que esse sonho fez com que ele se recordasse que, quando criança, sentia que precisava se proteger das pessoas, como se os outros fossem esse mar gelado e ele precisasse ter a "casca grossa" para não morrer congelado. Mas, ao se isolar para se proteger dos outros, sentia que ia congelando do mesmo jeito, porque se percebia preso em um castelo de gelo: o próprio corpo. Um corpo que se fechava para se proteger, mas que o matava de frio, pouco a pouco.

Recordo-me de uma outra sessão, bem no início da análise com Paulo, em que ele me dizia que minha sala era quentinha, confortável. Remeto-me à sensação do toque na pele de Paulo. Sim, pele, e não "casca grossa". Nossas peles, porosas, se encontrando.

Vem à minha mente a ideia de que o sensorial do corpo de Paulo era vivido no meu próprio corpo, como se fôssemos um só corpo vivendo a agonia de estar preso em um castelo de gelo, pedindo por socorro, desejando sentir calor. A confiança vivida no *setting* permitiu que Paulo experimentasse o calor que vinha do externo (ao mesmo tempo, o interno do enquadre). O calor era a representação de que havia encontrado fora o que precisava dentro de si, para poder então vestir-se com sua própria pele.

Esse estado de abertura, portanto, nos permite colocarmo-nos sensíveis à invisível e inefável dança sensorial, somática e semiótica dos corpos, que segue tecendo fios emocionais entrelaçados, conectados, portadores de novos arranjos e movimento, criando formas e coreografias no reentrante encontro com o outro.

Civitarese e os enlaces intersubjetivos dos corpos

O fragmento clínico apresentado traz uma experiência ligada a um corpo-espaço, no qual sua moldura, a pele, permite que este seja habitado por interioridades e exterioridades. Uma pele cuja porosidade conecta com o mundo, com o outro, com as relações. A pictografia analítica aqui retratada denota o corpo (o dele e o meu) sendo um campo expressivo na cena analítica. A presença do incomunicável, a ausência deflagrada. A solidão, a asfixia.

O ensimesmamento de Paulo fazia reluzir em mim uma dupla e paradoxal sensação de solidão e isolamento. Sem ar, sem poder sentir o espaço ao meu redor, havia somente eu sendo sufocada, asfixiada, engolida. Instala-se um desespero, até que penso em minha pele, sinto-a e me conecto com ela.

A experiência analítica é atravessada pela dimensão corpórea, e é neste corpo-lugar que a *reverie* pôde ser captada. Civitarese (2010; 2018; 2021) nos ajuda a compreender que, além de imagens ou ideias, a *reverie* também pode ser experimentada no corpo, em forma de sensações e ações. O autor nomeia como *reverie* somática esse estado de sonho no corpo, campo somático, no qual os pictogramas corporais podem emergir. Neste que é um campo sensorial, semiótico e somático, são vividas paradoxalmente sensações de quietude e tensão, e nele podemos sentirmo-nos habitando nós mesmos, diferenciarmo-nos, sentirmos todos os tipos de sensações.

Civitarese nos ajuda a pensar a experiência com Paulo quando compreende o corpo como esse campo que contempla o intrapsíquico com seus conteúdos, suas marcas, objetos e seus registros. Corpo que comporta sua demanda pulsional, que alcança (e é alcançado) pela intersubjetividade em sua expressão comunicativa.

Podemos pensar que um processo intersubjetivo comunicava algo que meu corpo captava e, absorta em minha experiência antagônica, sentia-me, simultaneamente, asfixiada e salva por habitar a mim mesma. Quando minha mão toca o braço de Paulo, instantaneamente me atento para sua pele. Uma sutileza gestual que impunha uma concretude sensorial viva e impactante. O devaneio se segue quando percebo que, ao tocar a pele de Paulo, ele também havia sentido a minha. E mesmo tomada pela estranheza de me deixar levar por sensações tão turbulentas, sinto-me nesse momento acalentada. Ainda não podia dar sentido às afetações captadas em meu corpo, mas me sentia apaziguada pela estranha certeza de ter (re)encontrado Paulo.

O sonho no qual Paulo relatou ter experimentado a sensação de mergulhar em um mar extremamente gelado, e que, "por sorte, dentro ainda estava quentinho, por isso não morreria", vai indicando caminhos, como um GPS (Civitarese, 2021). O medo de morrer de frio e a necessidade de sentir o calor "de dentro" me faziam pensar na existência dessa estremadura que demarcava o gelo e o calor: a pele. Sim, pele que demarcava o interno e o externo. Poder habitar a si mesmo, a própria pele, representa um movimento integrado de ser o todo, matéria e afeto, o corpo como um lugar onde é possível viver a dor e o alívio.

A partir da sensorialidade, analista e analisando puderam experimentar esse espaço integrado que é, simultaneamente, psique e soma, eu e não-eu, dentro e fora, interno e externo. A lembrança de que, quando criança, precisava se proteger das pessoas, denota que aquele ensimesmamento era sua antiga estratégia de defesa contra mares congelantes e relações hostis. O isolamento de Paulo, carregado de suas angústias, seus medos de asfixiar-se ou morrer congelado, faziam-me experimentar intersubjetivamente as mesmas sensações. Sensações no campo sensorial que expandem e nos permitem criar conexões, dar sentidos e ampliar para novas representações.

A intercorporeidade do *setting* permitiu que o calor da presença invadisse os poros e aquecesse fora e dentro. Um dentro e um fora desintegrados, que clamavam por integração. Os corpos de analista e analisando, em um campo intercorpóreo tomado por ambos e seus conteúdos, com toda sua interioridade e exterioridade. Um campo constituído (e constituinte) de corpos porosos, permeáveis, que possibilitava que o fluxo de conteúdos não representados ali circulasse, misturando-se e expressando-se em sensações variadas.

A contemplação da pele surge denotando a importante função desse órgão imenso que dá contorno, protege e, graças à abertura de seus poros, promove intensas experiências sensoriais. O corpo passa a ter um *status* de "lugar" onde se pode habitar e de onde se experimenta o calor, o frio, o arrepio, a dor, o vento, as texturas. É a partir do corpo que se pode ouvir, ver, sentir, comunicar (com ou sem palavras). O encontro das peles de analista e analisando promoveu, em ambos, a intensa, sublime e paradoxal sensação de se co-habitarem. Sentir-se em si e paralelamente sendo parte de algo infinito, morar em si mesmo, mas habitar e ser habitado por outros corpos. Viver o interno e o externo, ser si mesmo sem ser prisioneiro de si, permitir que outros o habitem, sem ser refém destes.

Na intercorporeidade do campo, a experiência somática, corpórea e sensorial foi essencial para que Paulo pudesse comunicar seus conteúdos inconscientes. A insegurança que o outro lhe causava fazia com que buscasse fechamento. Era o que vinha acontecendo com Paulo nas sessões que antecederam essa experiência na intercorporeidade do campo. Paulo se fechava em seu castelo de gelo, com sua velha e conhecida "casca grossa" que, pretensa e ilusoriamente, lhe protegeria do frio das relações vazias e desconectadas, especialmente da relação gélida que havia vivido com sua mãe. Mas Paulo também temia morrer de frio, desejava sentir o calor. Habitar a própria pele representa um movimento integrado de ser o todo: carne e sensações.

A experiência vivida com Paulo se vincula às construções teórico-clínicas de Giuseppe Civitarese, anteriormente apresentadas.

A analista experimenta o que o autor caracteriza como *reverie* somática, vivida na intercorporeidade do campo e favorecida pela abertura para o encontro entre corpos, infinitos em extensão sensorial e em profundidade psíquica/somática. Para o autor (2021), sendo a *reverie* um sonho do/no corpo, "o restabelecimento da continuidade física com o objeto por um instante é equivalente a um pedido de ajuda para alcançar uma unidade somatopsíquica básica" (p. 51).

Como pôde ser notado pela analista, no momento em que era arrastada para as profundezas "submarinas" da experiência corporal com Paulo, a violação no *setting* não gerou, de fato, descontinuidade. Houve, sim, uma comunicação inconsciente que captou conteúdos não representados de Paulo nesse espaço intersubjetivo-intercorpóreo, no qual as dimensões regressivas e sensoriais puderam emergir, favorecendo o contato com processos traumáticos ainda não acessados, elementos ainda não simbolizados.

Na dança intercorpórea com Paulo, pude experimentar o mergulho profundo em águas desconhecidas, que eram capazes de causar espanto, medo, mas também esperança, entrega. Corpo-lugar no qual se tece uma abertura para o mundo, uma permeabilidade que movimenta e gera calor, possibilitando percepções, abrindo-se a novos sentidos e à experiência paradoxal da dinâmica contínua entre o dentro e o fora, o eu e o não-eu. A experiência de *reverie* permitiu o sonhar no corpo e, a partir de então, analista e analisando puderam criar sentidos, gerando novas imagens, ideias, sensações: um sonhar na dança do encontro.

3.7 O casal Botella e o trabalho da figurabilidade

Hoje eu atingi o reino das imagens, o reino da despalavra.
Daqui vem que todas as coisas podem ter qualidades humanas.
Daqui vem que todas as coisas podem ter qualidades de pássaros.
Daqui vem que todas as pedras podem ter qualidades de sapo.
Daqui vem que todos os poetas podem ter qualidades de árvore.
Daqui vem que os poetas podem arborizar os pássaros.
Daqui vem que todos os poetas podem humanizar as águas.
Daqui vem que os poetas devem aumentar o mundo com
as suas metáforas. Que os poetas podem ser pré-coisas, pré-
vermes, podem ser pré-musgos. Daqui vem que os poetas
podem compreender o mundo sem conceitos. Que os poetas
podem refazer o mundo por imagens, por eflúvios, por afeto.

Manoel de Barros, 2015

Expressas pela via das emoções, as imagens emergem em nossa mente e caminham rumo a uma possível representação: o imagético se desenrola em palavras, ideias, nomeações. De maneira geral, podemos dizer que, pela figurabilidade, o analista é transportado para o universo "despalavreado" das imagens, um processo que possibilita o (re)encontro com um material inconsciente, a partir do qual se abrem perspectivas representacionais até então impedidas ou inexistentes.

Em virtude de sua relevância teórica e clínica, as reflexões sobre o tema da figurabilidade sempre estiveram presentes, desde a concepção do pensamento psicanalítico e ainda hoje, entre os psicanalistas contemporâneos. Na esteira dessas discussões, encontramos o casal de psicanalistas César e Sara Botella, precursores dos estudos sobre o tema e desenvolvendo-o de modo a ampliar e elevar o conceito de figurabilidade, inicialmente apresentado por Freud em 1900. As produções dos Botella tornaram-se um expoente na psicanálise contemporânea da França – país onde vivem –, bem como no cenário psicanalítico internacional. Suas ideias inovadoras têm ganhado cada vez mais relevância e espaço, pois abrem caminhos para se pensar em novas perspectivas teóricas pautadas na experiência clínica.

Desde a década de 1980, data de suas primeiras publicações sobre o assunto, a figurabilidade passa a ter um espaço central nas pesquisas e investigações do casal Botella[29]. O interesse pelo tema despontou de seus trabalhos clínicos com casos limites – crianças e adultos —, nos quais sentiam-se intrigados com as imagens que surgiam nas sessões e na repercussão que elas adquiriam no percurso do tratamento. Os psicanalistas notavam que as imagens emergiam a partir de traços de um "material perceptivo atual" oriundo das impressões sensoriais do momento da sessão, assim como de "restos diurnos" das sessões precedentes (Botella & Botella, 2001, p. 84).

Em seu livro *A figurabilidade psíquica* (2001), os autores apresentam uma vasta produção teórico-clínica, com artigos escritos desde 1982. Nessa produção, é possível notar o aprofundamento e as marcas autorais que suas ideias vão adquirindo. Nesses textos, os psicanalistas discorrem sobre os processos psíquicos observados nas mentes de analista e analisando, partindo das imagens visuais e/ou auditivas que emergiam nas sessões de análise e que os autores percebiam como uma atividade de uma qualidade quase alucinatória, a qual, segundo suas investigações, estaria ligada às bases da constituição psíquica que, inicialmente, relacionava-se a estados não representados do analisando.

Para os autores, é a partir da figurabilidade que um acontecimento que nunca teve inscrição no aparelho psíquico (pois ocorreu sem ter deixado traços mnêmicos – "inscrição em oco") pode emergir via imagem e marcar um lugar a ser constituído no psiquismo.

---

29 Vale ressaltar que, mesmo em publicações e conferências nas quais César Botella se apresenta sem a participação de sua esposa Sara, ele faz questão de enfatizar que seus pensamentos têm sido construídos em conjunto, sendo que suas proposições teóricas são frutos das experiências clínicas e das reflexões de ambos no campo metapsicológico psicanalítico.

Após retomarem as ideias de Freud (1900) em *A interpretação dos sonhos*, passam a considerar que as imagens são formas de abertura para o que os autores chamam de princípio de "*convergência-coerência*", cujo objetivo é dar a tudo inteligibilidade. Para Botella (2000), sempre que o analista capta o irrepresentável do analisando, inconscientemente, buscará torná-lo inteligível, pois seria um funcionamento natural tentar ultrapassar o desconhecido.

Assim, a figurabilidade seria "o primeiro tempo indispensável a um trabalho de 'tornar representável', de criação de uma cadeia de representações" (Botella, 2000, p. 236). Seja para descrever um fato, tecer caminhos narrativos, pensar analogias ou metáforas, antes foi necessário contemplar o mundo "despalavreado", o universo das imagens. Desse modo, pensando com os Botella, podemos considerar que o trabalho da figurabilidade é um componente fundamental para a formação do pensar e, consequentemente, ao processo analítico. Tudo o que tange o abstruso campo da inconsciência, para ser pensado, precisa antes ser imaginado. O incognoscível só pode ser "desenhado" via figurabilidade.

Assim como Freud se valeu da ideia de "trabalho do sonho" para explorar teórica e clinicamente os processos psíquicos relacionados aos sonhos, Botella (2000) propõe a utilização do termo "trabalho da figurabilidade", por considerar que o campo da figurabilidade é vasto e envolve importantes trabalhos psíquicos, tendo função criadora para a construção de pensamentos que não haviam sido pensados, e dando voz, cor e forma às marcas mnêmicas não representadas, que se localizavam aquém do trabalho de elaboração psíquica.

Desse modo, na visão dos Botella (2001), a figurabilidade representa um trabalho diurno complexo, análogo ao sonho noturno, ainda que resultem de processos psíquicos distintos. Segundo os autores, em Freud, o sonho compreendia o funcionamento da vida psíquica, e nele são observados dois possíveis caminhos complementares: a via eferente (progrediente) e a regressão formal (regrediente).

O movimento progrediente refere-se ao caminho da pulsão à representação psíquica; destina-se, segundo Botella (2000), a uma "psiquisação" da pulsão, enquanto a via regrediente não se trataria de uma regressão a estágios anteriores de desenvolvimento, mas de um movimento que tende a lidar com a excitação a partir de uma atividade alucinatória (Botella & Botella, 2001; 2003).

Partindo, então, do modelo de trabalho onírico freudiano (1900), os autores pensam o movimento regrediente do sonho como uma base para o trabalho de figurabilidade que se apresenta a partir de uma regrediência, por sua capacidade de transformar uma representação em imagens sensoriais. A "via regrediente" transformaria representações de palavras em imagens que possibilitam a abertura para uma gama de novas representações dos pensamentos ainda não pensados.

Freud utilizou o termo "regressão formal", mas o casal Botella (2003) prefere "regrediência" para descrever essa capacidade psíquica. Assim, a regrediência refere-se ao caminho percorrido pelas representações de palavras, que, segundo os Botella, "regride" a uma atividade de qualidade alucinatória, considerada uma plasticidade normal do funcionamento psíquico. Desse modo, tais representações retornam a uma organização primeira dos pensamentos – as imagens –, ampliando sua potência para novas associações, deslizamentos, deslocamento, como no trabalho do sonho.

O movimento regrediente pode promover a ampliação dos pensamentos para que inúmeras novas articulações surjam. Podem, assim, relacionar-se a traços mnêmicos de etapas primordiais da vida psíquica, criando as possibilidades de compreendê-las e inscrevê-las no psiquismo. De acordo com os psicanalistas (2003), algumas emoções e afetos mais originários se encontram em uma instância pré-verbal e, por essa razão, só podem ser "ouvidos" pelo analista via figurabilidade.

A partir da regrediência, numa espécie de alucinação ligada a canais perceptivos, o analista pode acessar imagens que lhe possibilitam alcançar o não representado. A via regrediente seria, portanto, um estado onírico da mente do analista a partir do qual as imagens "alucinadas" dariam figurabilidade àquilo que é irrepresentável para o analisando.

Os autores afirmam que a regrediência (no analista) caminha junto à transferência (no analisando). Ambas estão interligadas, pois imagens e afetos do analisando são transferidos ao analista. A fim de esclarecer esse processo transfero-contratransferencial do qual a figurabilidade parte, os Botella (2001) apresentam o conceito do "trabalho em duplo"[30], cuja ação possibilita acessarmos o não representável do trauma infantil.

O casal Botella (2001) considera que, no trabalho do sonho, mais importante que a realização do desejo é a transformação via figurabilidade. Dessa forma, vê-se desde Freud (1900) a relevância da transformação dos pensamentos em imagens.

César Botella (2000) é enfático em dizer que não se pode falar em figurabilidade sem evocar as ideias de Bion no que se refere às concepções de função alfa e de capacidade de *reverie* da mãe. E afirma que as intuições do analista estão relacionadas a percepções que podem captar a verdade psíquica do analisando. Segundo o autor, a grande inovação de Bion é a noção de transformação que, ainda que já estivesse presente em Freud, não havia sido desenvolvida até então.

O autor ressalta ainda que a noção bioniana de *reverie* nos ajuda a compreender o processo pelo qual a mãe transforma os elementos beta que capta como inassimiláveis para o filho. Para César Botella, sem essa compreensão seria difícil chegar à concepção atual de figurabilidade e, mesmo sendo dois conceitos clinicamente muito próximos e de difícil diferenciação, a *reverie* e a figurabilidade guardam entre si algumas distinções importantes.

---

30 O conceito de trabalho em duplo do casal Botella foi publicado originalmente em um trabalho para a *Revue Française de Psychanalyse* sobre a questão do duplo em sessão e retomado no livro *La Figurabilité Psychique*, de 2001.

Em sua visão, a *reverie* opera especialmente em um nível pré-consciente, enquanto o trabalho de figurabilidade estaria alocado, assim como o trabalho do sonho, nos processos inconscientes. Transcorre, portanto, em um nível mais profundo da via regrediente, o qual abarca, além dos elementos irrepresentáveis, outros elementos psíquicos como desejos inconscientes, lembranças e elementos sensoriais (Botella, 2000, p. 237).

Em termos gerais, o casal Botella considera que o objetivo da *reverie* da mãe seria a urgência em transformar os elementos beta do bebê a fim de dar-lhes sentido. A figurabilidade, por sua vez, engloba uma zona maior de trabalhos psíquicos, sendo seu objetivo, sincronicamente, a transformação do inassimilável. O estado de figurabilidade é criado para iluminar e dar expressão àquilo que até então havia permanecido irrepresentado e também fonte de sofrimento, e por meio do trabalho de regrediência pôde ser trazido à vida psíquica do analisando oferecendo-lhe uma nova ordem, um novo equilíbrio. Assim, abrir caminhos para dar novos sentidos às experiências emocionais seria um dos objetivos do trabalho de figurabilidade, entre outros (Botella & Botella, 2013, p. 105).

No esforço de ampliar a compreensão sobre a complexidade do trabalho da figurabilidade, Botella *et al.* (2008) mencionam que o termo *reverie* compreende uma vasta variedade de fatos psíquicos que, assim como o sonho e os *flashes*, fazem parte dos processos que compõem o trabalho de figurabilidade (p. 178). O casal de psicanalistas considera, desse modo, uma simplificação equivocada entender os conceitos de *reverie* e de figurabilidade como sinônimos. Para Botella (2007), a *reverie* é um dos processos possíveis no vasto campo da figurabilidade. Os autores compreendem que, muitas vezes, a *reverie*, ainda que gerada intersubjetivamente, pode estar condicionada a necessidades inconscientes do analista, quando se encontra diante de dificuldades significativas com o analisando que atingem sua confiança em si mesmo e no progresso analítico. Nesses casos, segundo Botella *et al.*:

> *Por toda espécie de razões, seria um equívoco denominar Rêverie todos os fenômenos do domínio do figurável que ocorrem na sessão, mesmo se a noção de rêverie é sustentada, como para os bionianos, por uma teoria considerando-a originária da ideia de sonho inconsciente em atividade dia e noite. O funcionamento do pensamento do analista na sessão, estudado unicamente sob o ângulo da rêverie é uma simplificação da extensão de um vasto campo de pesquisa que, pelo contrário, se revela no eixo da noção de Trabalho de figurabilidade. (2008, p. 182)*

Seja ela um "*flash* do pensamento", imagem ou o surgimento de uma palavra (ainda sem representação), a *reverie* só pode emergir devido ao trabalho de figurabilidade. Portanto, para Botella *et al.* (2008, p. 178), a figurabilidade é o produto final e o fundamento de todas as *reveries*. A partir de suas investigações clínicas e das teorizações delas decorrentes, o casal Botella concede ao trabalho de figurabilidade um papel primordial quanto ao seu potencial transformacional no psiquismo, por criar uma disposição à inteligibilidade regrediente de acesso ao inconsciente e ao desejo infantil recalcado, o que possibilita a construção de processos secundários – como os de representações-palavra.

O estado de abertura do analista e de receptividade para os elementos psíquicos de seu analisando é essencial para que a figurabilidade ocorra. De acordo com os Botella (2003), o estado de regrediência só é alcançado via atenção flutuante, pois, seguindo o modelo freudiano, entendem que, a partir de um estado de mente livremente flutuante, é possível que o inconsciente do analista esteja acessível e possa ser mobilizado pelo trabalho onírico para atingir uma atividade quase alucinatória na qual a figurabilidade acontece.

Seja pelo caminho da imagem à palavra (progrediente) ou da representação à figura (regrediente), a mente do analista alcança estados inacessíveis do mundo psíquico de seu analisando. A regrediência possibilita que o analista, dotado de aspectos inconscientes (da dupla), atinja o "mundo das imagens" a partir de representações comuns, enquanto o movimento da via progrediente trabalha no sentido de uma elaboração secundária, que tenta transformar os elementos captados em algo que possa fazer sentido (Botella *et al.*, 2008, p. 179).

Assim, para os autores, o analista tem um complexo trabalho, pois sua mente é convocada ao extremo. É necessário que haja um bom funcionamento psíquico do analista para que ele possa elaborar a ameaça traumática da não representação por esse movimento regrediente. Se o analista for capaz de fazer um bom trabalho, de acordo com o casal Botella (2001), a figurabilidade abre caminhos para o pensamento que se encontra impossibilitado de agir, necessitando ser transformado em imagens pela regrediência. As imagens permitiriam o acesso às vivências infantis impossíveis de virem à consciência anteriormente.

Contrariando correntes psicanalíticas clássicas, os Botella colocam em debate a necessidade de que a psicanálise amplie suas investigações para um campo que abarque toda a complexidade do psiquismo e não se restrinja à representação. Desse modo, consideram o trabalho da figurabilidade essencial para que seja possível acessar o traço mnésico da memória sem lembrança e chegar ao sonho-memória, transformação vital para a continuidade de nossa vida psíquica. Segundo os autores, o trabalho da figurabilidade talvez seja o único meio de acesso a esse "além" do traço mnésico, a memória sem lembranças (Botella & Botella, 2001, p. 17).

Os "ventos uivantes" do pensamento dos Botella seguem soprando nos campos psicanalíticos contemporâneos. Por vezes ruidosas, outras leves como brisa, ou ainda enérgicas como furacão, as ideias originais dos Botella carregam marcas da tradição, ao mesmo tempo que nos (re)apresentam a figurabilidade como um tema-ventania. Ventos que anunciam mudanças, ventania que nos carrega para o mundo das imagens, convida-nos também a uma compreensão mais ampla e profunda dos processos envolvidos na emergência da figura e na relevância dos trabalhos psíquicos a partir dela.

Parafraseando Manoel de Barros sobre o poeta com as imagens e palavras, transpondo para pensarmos as transformações de analista e analisando no complexo e enredado campo do trabalho de figurabilidade, podemos dizer que *daqui vem que o analista deve aumentar o mundo com as suas metáforas, reverter a palavra em pré-coisa, pré-verme, pré-musgo.* Assim, daqui vem que a análise pode compreender o mundo sem conceitos, e que, em um "trabalho em duplo", analista e analisando podem refazer o mundo (de ambos) por imagens e afetos.

Via figurabilidade poderá advir uma inteligibilidade do não representado: a imagem que emerge da mente do analista atua, no tecido psíquico do analisando, como a ponta da agulha que marca o primeiro ponto, a partir do qual toda uma trama de caminhos alinhavados vai se formando, em que fios e nós se entrelaçam. Entrelaços. A agulha-imagem do analista perfura o tecido, marcando um ponto inicial, mas a linha segue ziguezagueando, criando ponteados, cerzindo caminhos guiados inconscientemente. Fios que se cruzam, se enroscam e, aos poucos, vão tomando um caminho em direção às "bainhas" das memórias sem representações, nas profundas marcas mnêmicas que precisam ser "costuradas".

Em consonância com os Botella, podemos dizer que o trabalho da figurabilidade seria a forma pela qual o analista pode tentar "*compreender o mundo sem conceitos*", e eis que, dotado de uma capacidade para deixar-se habitar pelo universo desconexo e obtuso da "despalavra", ajudar seu analisando a (re)fazer seu mundo, em um trabalho diurno complexo e meritório, que se inicia "*por imagens, por eflúvios, por afeto*".

A escuta regrediente: pictografias do trabalho da figurabilidade

Figura 8 *Composição LX*, Wassily Kandinsky (1910).[31]

A gente não gostava de explicar as imagens porque
explicar afasta as falas da imaginação.
A gente gostava dos sentidos desarticulados como a conversa
dos passarinhos no chão a comer pedaços de mosca.
Certas visões não significavam nada, mas eram passeios verbais.
Manoel de Barros, 2015

Apatia, indiferença. Sentimentos expressos com regularidade nas últimas semanas nas sessões com Paulo. Era o que dizia sentir pelas pessoas de seu convívio mais próximo. Uma mistura de culpa, preocupação e conformismo. Paulo não se sentia muito afetivo, nem mesmo com a esposa e a filha. Sabia que as amava, mas, para ele, o sentimento mais vivo e importante era o de se saber provedor. Provendo, sentia-se amando (e amado). Em muitas dessas sessões com Paulo,

31 Kandinsky, Wassily. *Composição LX*. 1910. Óleo sobre tela, 140 x 200 cm. Museu Hermitage, São Petersburgo, Rússia.

tento dizer-lhe algo, mas prefiro ouvi-lo. Sinto-me, por vezes, cercada de lembranças vagas, "restos" de outros momentos, falas e percepções que eu vinha colecionando em cantinhos de minha mente ao longo das tantas sessões com Paulo. Memórias que vagavam, se aproximavam, mas não chegavam de fato.

Em uma sessão, ele traz uma situação sobre um colega de infância. "Colega" era a palavra eleita por Paulo para se referir às pessoas próximas ou às que já fizeram parte de sua vida em alguma ocasião. O tema da dificuldade de considerar as pessoas como amigos sempre esteve rondando a análise de Paulo, normalmente acompanhado de um sentimento de pesar e, na maior parte do tempo, de uma espécie de resignação por entender que ele era "assim".

Enquanto o escutava descrever a situação com o "colega", me vem um *flash*, como se minha mente registrasse aquele instante da sessão: a sala de análise, a mobília, o divã, Paulo e eu. Via diante de mim uma fotografia. Observar aquela imagem era como olhar para a foto de um álbum, e, por meio dela, acessar a história ou fragmentos dela. No entanto, as lembranças acessadas não eram as daquela sessão com Paulo, mas sim de uma outra, ocorrida há muitos anos, na qual ele me falava algo sobre esse mesmo amigo. Então, pergunto-lhe: "Me veio à mente uma sessão de muito tempo atrás... Tenho a impressão de que o que você trazia estava relacionado a esse mesmo colega. Aquele que você dizia ser muito acomodado, não era? Estava aqui te ouvindo contar essa nova história e a cena daquela sessão me ocorreu nitidamente... Como se eu estivesse olhando para uma fotografia".

Nesse instante Paulo se virou do divã, olhou para mim com uma expressão de entusiasmo e disse: "Exatamente, era ele mesmo! Isso já faz muito tempo, não faz? Uns 8 anos, mais ou menos... Lembro que, na época, você me disse que ele estava vivendo como o elefante da fábula, acorrentado a uma estaca. Agora eu também me lembrei bem!". E, rindo, brincou: "Nossa memória está boa! Memória de elefante!".

Seguiu contando sobre o contexto atual com o colega e sobre como se sentia apático naquele cenário relatado. Ao final da sessão, antes de ir embora, Paulo olha para a sala, sorrindo e diz: "Temos tantas 'fotografias mentais' aqui nesta sala... Dava até para montar um álbum!".

Na semana seguinte, Paulo me diz que após aquela sessão, no caminho de volta para casa, ficou pensando que não tinha muitas fotografias com a esposa, tampouco com a filha. A primeira coisa que fez ao chegar foi procurar pelos álbuns de família. Confirmou que, de fato, havia pouquíssimas fotografias, apenas uma ou outra, tiradas sem que ele tivesse notado. Justificou para si mesmo que fugia das fotos "como o diabo, da cruz". Achava-se gordo e, por essa razão, evitou as fotos durante anos, aliás, até hoje. "Consegui emagrecer e mesmo assim continuei fugindo".

Quando se deu conta de que não havia "registrado" muitos dos momentos especiais que vivera com sua família, sentiu uma grande inquietação. Lembra-se, então, de que, em sua infância, sua mãe detestava ser fotografada. "A desculpa era sempre a mesma... Dizia que era muito 'acanhada'. Ah, nem era tão tímida assim. Acho que, na verdade, ela não dava valor para esses registros".

Paulo se recorda que na casa dos pais havia uma caixa de sapatos que ficava na estante da sala de estar, e nela eram guardadas algumas poucas fotos de sua infância, de alguns de seus aniversários, e em todas ele estava no colo do pai. A mãe não aparecia na maioria e, quando estava, tinha sido "pega de surpresa". Conta que, quando criança, queria rever aquelas fotos o tempo todo. Não sabia exatamente o motivo de buscar tantas vezes aquelas mesmas e raras fotografias. Sua mãe se irritava com isso, dizia que iria esconder a caixa de fotos para que ele não ficasse pedindo toda hora para vê-la.

"Não sei, honestamente, se isso já me incomodava antes, mas confesso que não existir um único registro da minha mãe comigo no colo me entristece... É como se eu percebesse que coisas importantes não foram registradas, ou, o que é pior, talvez nem tenham acontecido. Por isso, quis falar sobre isso hoje... Sinto que não tenho nem foto, nem qualquer registro mental de estar feliz no colo da minha mãe."

Algumas sessões após esse evento, Paulo me mostra, orgulhoso, uma foto com a filha. Uma fotografia real, tirada após o trabalho psíquico a partir de uma fotografia imagética, e que agora ocupava a tela de fundo de seu celular. A construção de registros mnêmicos que compõem seu novo álbum de família. Paulo agora sabe que, nesse novo álbum, existem, sim, páginas iniciais que ficaram sem registros, mas há outras tantas que ainda poderão ser registradas com novas fotografias, imagens, afetos e representações.

O viés contínuo da figurabilidade no ponteado expansivo dos Botella

Podemos considerar, a partir dessa experiência analítica com Paulo, a relevância clínica das ideias teorizadas por César e Sara Botella. O trabalho de figurabilidade pode ser observado nesse fragmento clínico, pois uma imagem surge de um trabalho psíquico pela regrediência (da palavra à imagem) e abre caminhos para que o pensamento que se encontra impossibilitado de agir possa ser transformado. A imagem da fotografia permitiu ao analisando o acesso às vivências infantis, sendo, então, capaz de entrar em contato com sentimentos de angústia e desamparo que não puderam ser inscritos anteriormente em seu psiquismo.

Segundo os autores, o trabalho de figurabilidade contempla desde a formação da imagem à abertura para ampliar para novas representações. Na pictografia analítica apresentada nesta seção, nota-se que, a partir da *reverie* da fotografia, o analista tem o trabalho de utilizar a regrediência, para facilitar o advento desse passado não representado (Botella & Botella, 2002, p. 136).

A imagem seguiu pulsando, inquietante, desdobrando-se, abrindo espaços para outras ideias, novas representações. No entanto, de onde veio aquela imagem? Por que a figuração de uma fotografia teria invadido meus pensamentos naquela sessão? Talvez de "restos" diurnos das sessões precedentes (Botella, 2007, p. 84) associados às possíveis impressões sensoriais do momento da sessão: a sala, o divã, a mobília, os adornos da sala de análise, Paulo e eu.

Lembrei-me também que, semanas antes da sessão na qual a figurabilidade da fotografia emergiu, eu havia encomendado a impressão de uma foto com minha família, a qual eu daria aos meus pais como presente por suas bodas. Na sessão em que a imagem da fotografia me ocorreu, a memória da foto com minha família estava completamente distante de meus pensamentos, mas, no *après-coup* da sessão, imaginei que talvez pudesse ter havido alguma conexão com a reminiscência de uma memória vaga dessa "fotografia de família".

De acordo com os Botella (2003), o trabalho de figurabilidade aduz o analista a alguns elementos da pré-história pessoal do paciente que não puderam ser simbolizados, anteriores à aquisição da linguagem e que integram um conjunto de memórias sem lembrança, as "lembranças em oco" (Botella & Botella, 2001), como as de Paulo com sua mãe – não registros que acabam por deixar marcas afetivas insistentes. A partir dos trabalhos psíquicos que culminaram na imagem da fotografia na mente da analista e que também favoreceram uma sucessão de novas representações, Paulo pôde pensar que, de fato, mais que fotografias em seu álbum de família, faltavam-lhe registros com sua mãe, no aconchego de seu colo, nos momentos em família. Faltavam-lhe quaisquer registros: os fotográficos e os vividos.

Paulo já havia trazido, em outros momentos de sua análise, traços mnêmicos muito precoces da sensação de estar escorregando do colo da mãe, ainda bebê. A 'lembrança em oco' atualizada nas tentativas repetidas de recuperar os (não) registros de dentro daquela velha caixa de sapatos. Uma memória sem lembranças, impossibilitada de ser inscrita em seu psiquismo. O não registro, a não afetividade, o não valor, o colo escorregadio. Marcas de um trauma infantil, do vivido não representado.

A busca obstinada pela caixa de fotografias na estante da casa dos pais durante sua infância relacionava-se à tentativa ferrenha de "encontrar" algo que, de fato, não existia ali, nem naquela caixa, nem em suas lembranças. Mas parecia que havia algo que precisava ser alcançado, para que pudesse ser representado. Paulo não sabia exatamente o motivo de querer ver tantas vezes aquela caixa de tão escassas fotografias, e mesmo que isso deixasse sua mãe tão irritada, lá estava Paulo, seu desejo insistente e sua procura vã, pois ainda que se aproximasse dele, aquele pensamento não podia, até então, ser acessado, até que o (re)encontro com a memória sem lembranças abrisse espaço para novas associações e reflexões sobre sua afetividade.

O movimento da regrediência favoreceu que palavras fossem alucinadas e transformadas em imagem – uma *reverie*. Dessa forma, os pensamentos puderam expandir para novas articulações, relacionadas a traços mnêmicos de etapas primordiais da vida psíquica, pré-representacionais, criando a possibilidade de representá-las e inscrevê-las no psiquismo. Como nos apresentam os Botella (2003), emoções e afetos alocados na instância pré-verbal, que só poderiam ser captados pelo analista via figurabilidade. A partir dessas novas representações, Paulo compreendeu que reproduzia, de certo modo, a atitude negligente e a pobreza afetiva da mãe com as pessoas ao seu redor. Observamos, portanto, que "um estado de figurabilidade é criado e ilumina e dá expressão para aquilo que até então havia permanecido irrepresentado e fonte obscura de sofrimento, trazendo assim uma nova ordem, um novo equilíbrio" (Botella & Botella, 2013, p. 105).

A imagem da fotografia tornou-se, naquela sessão com Paulo, um elemento que não pôde ser ignorado, ficou marcada em minha mente, por isso não hesitei em comunicá-la ao analisando no momento como emergiu, sem preocupação em metaforizá-la ou transformá-la em uma narrativa. Apenas apresentei a imagem que me ocorreu. A comunicação daquele "*flash* de pensamento" (Botella *et al.*, 2008) não teve a intenção de alcançar algo no analisando, mas após a sessão com Paulo, percebi que esta teve uma função de promover transformações.

Vemos, portanto, assim como aponta o casal Botella, que a figurabilidade funcionou como o produto final e o fundamento da *reverie*. O trabalho de figurabilidade favoreceu que Paulo ampliasse as conexões, criasse ideias e representações. E o elefante da fábula, que de alguma forma também habitava a cena e gerou lembranças a partir da imagem da fotografia, pode ser repensado agora como sendo a expressão do próprio Paulo que, como o elefante, vivia acorrentado a uma estaca, resignado, preso a ideias depreciativas de si mesmo. Dizia-se apático, ainda que soubesse de seu amor incondicional pela filha. Não gostava de fotografias por achar-se gordo, mas continuava fugindo delas mesmo depois de ter emagrecido.

Assim como o elefante, Paulo se resignava, acreditando estar amarrado a uma estaca que o prendia àquela realidade, mas ao perceber a possibilidade de soltar-se dela, ao perceber-se livre, logo entendeu que poderia (e queria) conhecer novos lugares. Ainda que tenha permanecido acorrentado à estaca por muito tempo, há tanto a desbravar, tantas novas lembranças a registrar em sua "memória de elefante".

4. Entrelaces finais: do incognoscível às transformações, da linha solta ao bordado

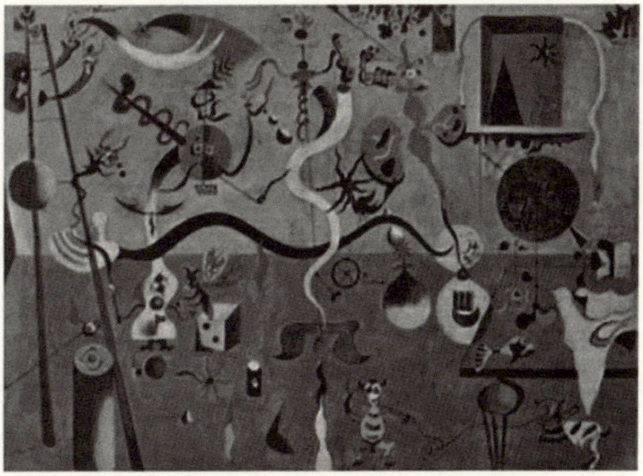

Figura 9 *O carnaval de arlequim*, Joan Miró (1925).[1]

As formas prisioneiras... As formas prisioneiras por belas e dementes esperam seu resgate. Nem veriam a eclosão essas duras crisálidas do sono ocultas em pedras, telas, tramas, insensíveis ao sol, à chuva fria, nem júbilo nem melancolia sem que as desates. Medram a medo na ante-manhã, carentes de teu sonho, princesas embalsamadas em sucessão estranha, à espera.

Dora Ferreira da Silva, 1999

1 Miró, Joan. *O carnaval de arlequim*. 1925. Óleo sobre tela, 66 x 93 cm. Museu de Arte Albright-Knox, Buffalo, EUA.

Após essa jornada de estudos sobre o tema da *reverie*, estou cada vez mais convencida sobre o quão complexo é o fazer psicanalítico: o analista atua, tanto na espacialidade de um campo-sonhante-intersubjetivo (no qual a fertilidade dos processos psíquicos que ali circulam depende da implicação e da disponibilidade emocional para o encontro), quanto em uma temporalidade na qual, a cada sessão, um conjunto de sutis, fugazes e infinitos instantes se apresentam. Mas a *reverie*, assim como a compreendo, ainda que seja captada como um *flash*, e por esse motivo seja um desses "instantes", não se refere a um momento pontual (por isso mesmo, tantas vezes só pode ser compreendida e/ou interpretada no *après-coup* da experiência).

Um pictograma carrega em si toda uma complexidade e, por essa razão, deve ser recepcionado pelo analista como um fragmento que faz parte de um conjunto muito maior de pensamentos ainda não pensados, *formas* que esperam ser capturadas, recepcionadas e significadas.

Anseio que, entre tantas possíveis experiências com as ideias apresentadas neste livro, o leitor também possa ter se aproximado da compreensão de que, entre penumbras, nós, analistas, caminhamos. Sobre pedras, entre telas e tramas, sob a névoa densa ou a chuva fria, em meio ao limbo, às chamas, às erupções vulcânicas de paixões, à aridez de desertos emocionais. Sob sol ocluso, seguimos, por vias intuitivas, por abstrações. Ainda que se aumentem os medos e a imprecisão, paulatinamente, vê-se luz: centelhas. Entre as sombras e os fachos de luz, eis que elas emergem, imagens-guia: as *reveries*. Tramontana, indicando rumo, apontando caminhos que possam nos guiar até as formas capturadas dos pensamentos não pensados, de onde esperam, enfim, serem libertadas. Princesas embalsamadas, crisálidas que aguardam suas asas, que esperam pela transformação.

Nos fragmentos clínicos aqui retratados, protopensamentos eram capturados e se fenomenalizavam em uma forma, um pictograma, estranho, por vezes fugidio, mas que, volta e meia, apresentava-se em minha mente. Devaneios que surgiam em sessões com Paulo (assim como com tantos analisandos) e que apontavam para algo que eu não tinha a mínima ideia do que seria naquele momento. Intuitivamente, seguia pistas *a posteriori* da experiência vivida na sessão.

Muitas vezes não podia compreender o que aquelas imagens e sensações vividas poderiam representar. E, então, esses protótipos de pensamentos acabavam por esvanecer-se, perdiam as formas e cores, não geravam quaisquer ressonâncias. Eu acabava por defini-los como meras distrações, respostas contratransferenciais, sem pregnância, que não produziam quaisquer construções. No entanto, em tantas outras situações com meus analisandos, lá estavam elas, as *reveries*, captadas a partir de uma disponibilidade para acolhê-las, um estado de mente aberto e receptivo para o enigmático da experiência emocional.

Seguia o caminho, entregue às pistas imagéticas, imprecisas, nebulosas e turbulentas. Sentia (sem saber o porquê) que aqueles pictogramas artisticamente criados em minha mente eram como fios soltos de uma trama desconhecida. Mas onde estaria o carretel? Eu o alcançaria? Impossível responder a essa questão. Restava-me, então, a escolha de deixar-me levar por aquela experiência. De fato, um analista, ao se abrir para o encontro analítico, nunca sabe o que irá encontrar. Mas havia aquela voz sutil e insistente que, por tantas vezes, fazia-me crer que deveria seguir, mesmo sem saber o que haveria para ser encontrado.

Portanto, deixar-se afetar pelo encontro analítico implica encontrar pelo caminho penumbra, lacunas, névoa densa, chuva fria, limbo, chamas, desertos e tempestades. E também centelhas, luz, transformações, pois muitas vezes também alcançamos as princesas prisioneiras que esperavam ser resgatadas. Mas como surgem essas imagens? Há condições favoráveis para que elas emerjam? E como elas nos levam às formas prisioneiras? Quais os caminhos para se chegar até elas?

De tais questionamentos, entre devaneios e imagens, sentia-me instigada com o tema da *reverie*. Na experiência clínica com meus analisandos, capturada por esse fenômeno eminentemente intersubjetivo, percebo que há nele um potencial transformador, quase sempre *a posteriori*, de encontrar "princesas prisioneiras", ou seja, pensamentos não pensados, que esperavam ser encontrados. Um processo que se dá a partir de um sonhar compartilhado.

Assim, das inquietações experimentadas na clínica psicanalítica nasce esse trabalho: a partir de um desejo de expandir a compreensão sobre o fenômeno da *reverie* e as ampliações teórico-clínicas que o movimento contínuo do conceito comporta dentro do campo psicanalítico. Para permitir ao leitor sonhar o conceito, optei por compartilhar, ao longo de todo o percurso da escrita deste livro, minha experiência de *reverie* com Paulo. Nas pictografias analíticas apresentadas, tento transmitir tanto os movimentos delicados, sensíveis e genuínos, como as sutilezas e obliquidades que a *reverie* comporta.

Analogamente aos fragmentos da experiência emocional vivida com o analisando, conto com as contribuições conceituais de autores contemporâneos como: Thomas Ogden, Antonino Ferro, o casal Rocha Barros, Marina Ribeiro, Giuseppe Civitarese e o casal Botella. Tais autores privilegiados promovem a expansão do conceito germinado por Bion e seguem criando safras de novos pensamentos, gerando uma frutífera e expansiva produção teórico-clínica.

Este é, portanto, um convite ao leitor a se abrir para o pensamento paradoxal: compreender a *reverie* como um fenômeno, que comporta em si penumbra e centelhas – opostos que fazem parte de um mesmo processo, em uma dinâmica intersubjetiva viva, criativa e transformadora. As perguntas feitas no início eram o pano de fundo da investigação: como pode a *reverie* deixar "à deriva" e, ao mesmo tempo, auxiliar na criação de caminhos, sentidos e transformações na dupla analítica? De que maneira o fio solto, como numa obra de arte aberta, se transforma em uma bordadura confeccionada intersubjetivamente?

Nos arredores das contribuições conceituais de cada autor, vê-se, de maneira geral, uma consonância no que se refere, por exemplo, ao fato de entenderem a *reverie* como um fenômeno intersubjetivo, que pode tornar ainda mais potencialmente transformador o processo analítico. Há, nitidamente, uma série de convergências entre as ideias dos autores escolhidos como interlocutores deste trabalho.

Com o objetivo de apresentar em quais aspectos cada autor colabora para a expansão e maior compreensão do conceito, traçaremos algumas linhas que marcam aproximações e deslizamentos teórico-clínicos entre os autores contemporâneos estudados. Iniciemos, pois, pelas aproximações, lembrando que ainda que as ideias possam ser consonantes entre si, cada autor desenvolve suas proposições com uma marca extremamente autoral, e, portanto, todos eles contribuem para a expansão das reflexões sobre a *reverie* na clínica psicanalítica.

As consonâncias que encontraremos referem-se a aspectos mais gerais do fenômeno. Nota-se uma conformidade, por exemplo, na visão de que o processo de *reverie* abarca inúmeros movimentos intersubjetivamente experienciados: imaginação, penumbra, turbulência, enigma, tolerância à frustração, fé, centelhas, criação/ampliação de sentidos, transformações. Entre os autores, é unânime a ideia de que a *reverie* é um conceito vivo e eminentemente intersubjetivo, que engloba e incita, portanto, uma infinidade de experiências emocionais para a dupla.

Por outro lado, esses autores também apresentam ideias distintas quanto às características da emergência do fenômeno e sobre a importância de seu uso como uma ferramenta para a criação de sentidos. Isso posto, notam-se dissonâncias, elementos que diferem entre as compreensões dos autores pesquisados. Propõe-se, aqui, pensar em algumas dessas divergências, não como uma forma de medição ou confrontamento. A ideia é observarmos como cada um dos autores aqui investigados contribui com reflexões relevantes e autorais sobre o conceito, e, a partir de suas teorizações, nos trazem novos elementos para compreender tanto o fenômeno quanto sua aplicabilidade clínica. Podemos apontar, assim, sinteticamente, as particularidades das formulações de cada um dos autores, a seguir.

Thomas Ogden

O autor nos apresenta a ideia de que as *reveries* podem ser vividas como ruminações, devaneios, sensações, percepções, fantasias e imagens criadas intersubjetivamente. Para Ogden, as *reveries* podem levar o analista a algum lugar que tenha valor para o processo analítico; é uma descoberta retrospectiva que quase nunca pode ser antecipada. Por isso, reforça que a *reverie* não pode ser desvendada apressadamente. Deve haver uma tolerância ao sentimento de estar à deriva, pois o não saber é uma precondição para a capacidade de imaginar.

Ogden afirma que, ainda que possa causar sensações tão inquietantes, a *reverie* é como uma bússola emocional que indica caminhos ainda não desbravados. Dessa forma, a *reverie* pode ser um importante instrumento técnico na sala de análise. Nesse sentido, compreende que a experiência da *reverie* já é transformadora por si só, não sendo primordial transformá-la em um conteúdo a ser transmitido ou interpretado. Ogden considera que a análise pode recuperar sua vitalização por meio das *reveries*.

Uma grande contribuição de Thomas Ogden foi a formulação do conceito de "terceiro analítico intersubjetivo", que seria uma criação conjunta do analista e do analisando, ao mesmo tempo que analista e analisando são criados por ele. A *reverie* aconteceria na imersão da experiência do terceiro analítico.

O autor faz importantes considerações sobre a técnica, apontando alguns requisitos para que analista e analisando sejam capazes de experimentar o estado de *reverie*. Um dos pontos que ressalta, nesse sentido, é a questão da privacidade, pois compreende que esta se torna fundamental para que ocorram as associações e a vivência dos aspectos inconscientes da experiência. Ressalta que o divã seria um instrumento favorecedor da privacidade, fator valioso para que a dupla possa embarcar numa área de "sobreposição", a área do brincar (Ogden, 2013, p. 111).

Mesmo considerando o divã como peça facilitadora para a emergência das *reveries*, afirma que a imposição sobre seu uso pode promover um efeito antiterapêutico, pois em vez de aumentar a privacidade e criar um estado de maior abertura, pode se tornar atemorizante em algumas circunstâncias da análise.

Ogden também enfatiza que, em sua experiência clínica, observa que o número de sessões com o analisando interfere na abertura para a captação da *reverie*, e acrescenta que, quanto maior a frequência das sessões, maiores serão as condições para se gerar estados de *reverie* do par analítico.

Antonino Ferro

Para o autor, a *reverie* do analista é um elemento central ao campo e capaz de gerar transformações nele. Segundo Ferro, é preciso disponibilidade emocional para se estabelecer uma comunicação sensível e aberta, tanto para que as *reveries* emerjam, quanto para que possam ser transformadas em palavras narradas.

O psicanalista compreende a *reverie* como um "derivado narrativo do pensamento onírico de vigília". Para Ferro, tudo o que é trazido pelo paciente na sala de análise deverá ser considerado para que os derivados narrativos captados possam compor uma narrativa, construída conjuntamente pela dupla analítica. O autor considera o campo analítico como um "campo emocional" no qual os elementos brutos (sensações e imagens) buscam ser pensados, e, assim, cria-se uma abertura para o novo. A esse processo de metabolização de um elemento beta e da transformação dele em elemento alfa, o autor nomeou como "alfa-betização".

Antonino Ferro diz que a *reverie* é captada pelo analista como pictogramas emotivo-sensoriais que, de acordo com o autor, são como "tijolinhos" que edificam o pensar, o sentir e o sonhar. Assim como Ogden, o autor salienta que as *reveries* podem causar desconforto e turbulências emocionais devido à complexidade do trabalho psíquico a ser realizado.

Ferro entende a continência e a tolerância ao desconcerto como necessárias para que a função alfa do analista possa metabolizar os conteúdos não simbolizados. O autor diz que, na *reverie*, a mente do analista capta os elementos psíquicos, como se os enxergasse com os "olhos da mente", gerando imagens por meio do pensamento onírico de vigília.

Os Rocha Barros

Os autores compreendem que a emergência das *reveries* ocorre no campo das contratransferências, inscrevendo-se nesse território, porém diferenciando-se dele. Na visão dos Rocha Barros, o conceito de *reverie* seria uma progressão da noção freudiana de contratransferência, pelo fato de que a *reverie* opera como um instrumento de apreensão e, sobretudo, de comunicação de processos inconscientes que estão ocorrendo no campo intersubjetivo.

Uma importante contribuição dos autores é a proposição de que as imagens captadas pelas *reveries* são geradoras de símbolos que não só representam emoções, mas as expressam, o que denominaram "expressividade". O caráter expressivo das imagens tornam as *reveries* capazes de produzir transformações significativas (na dupla).

Outra ideia relevante que apresentam é a de evocação, uma forma de comunicação não discursiva gerada a partir das *reveries*, que permite conexões e amplia as possibilidades de representações afetivas. As imagens evocadas pelas *reveries* são chamadas pelos Rocha Barros de "pictogramas afetivos", imagens compostas por elementos afetivos que assumem uma forma inicial inconsciente de representação mental, mas que podem produzir novos símbolos, apreender e transformar significados.

Um ponto fundamental nas teorizações dos Rocha Barros é a importância dada às interpretações das imagens captadas pela *reverie*, buscando associá-las aos conteúdos afetivos do analisando e transmiti-los a ele. O pictograma, nesse sentido, não se refere a um momento pontual, mas algo que está sempre referido a um processo em curso. Um fragmento que faz parte de um conjunto muito maior, que tem a ver com elementos que ligam passado, presente e futuro. Dessa maneira, o casal brasileiro considera o uso da interpretação, a partir das imagens evocadas pelas *reveries*, como uma importante ferramenta para o trabalho analítico. Segundo os autores, a função interpretativa representa uma forma de extensão simbolizante da experiência emocional, que favorece novas construções e articulações de pensamentos.

Marina F. R. Ribeiro

A autora afirma que a *reverie* ocorre via identificação projetiva, a partir de um estado de abertura, hospitalidade e disponibilidade mental e emocional para o outro. Ribeiro reforça que, em um primeiro momento, a *reverie* mostra-se como um estado extremamente desorganizador, no qual o analista se sente arrastado por "imagens pictóricas", sem ideia do que aquilo representa e para onde irá levá-lo, mas que um sentido poderá emergir, ainda que *a posteriori* da sessão.

Em consonância com Ogden, a autora entende que nem sempre a *reverie* se desdobra na análise como uma construção analítica, narrativa ou interpretação, mas que ela sempre implica o analista em um importante trabalho de metabolização dos conteúdos não sonhados e favorece uma compreensão sobre o que se passa no encontro analítico.

A autora propõe uma concepção autoral no campo psicanalítico de que a *reverie* seria uma evolução da intuição psicanalítica. Segundo Ribeiro, a intuição (não sensorial) se fenomenaliza na *reverie* (fenômeno sensorial), havendo assim uma evolução de um estado de mente intuitivo para a *reverie*. Essa evolução ocorre entre várias cesuras instáveis e oscilantes da mente do analista.

Assim, a psicanalista considera a intuição como uma afetação enigmática, que ocorre entre estados transitórios de mente e evolui para a captação de uma imagem – a *reverie*. Esta seria, segundo a autora, um pensamento imaginativo em busca de um pensador na intersubjetividade do encontro analítico.

Ribeiro questiona se a *reverie* teria como esteio a capacidade de intuição do analista, fator primordial da função psicanalítica da personalidade e que, segundo a autora, seria uma habilidade fundamental ao analista para que o inaudível e o invisível intuídos possam se fenomenalizar.

Giuseppe Civitarese

Entre as formulações mais autorais de Giuseppe Civitarese, encontra-se o conceito de "*reverie* somática", que se refere a um estado de sonho no corpo (ou seja, no campo somático) que nos permite entrar em contato com o primeiro estágio do pensamento inconsciente.

Consoante às ideias de Ogden, o autor compreende a *reverie* somática como uma espécie de GPS com um potencial para indicar as posições ocupadas pelo par analítico na situação de análise, bem como identificar a qualidade do vínculo emocional entre eles.

Para Civitarese, o campo é sensório e intercorpóreo, pois se dá a partir da copresença dos corpos e das intensidades sensíveis compartilhadas. Assim, a dimensão corpórea tem destaque nas ideias de Civitarese, pois compreende que a experiência da análise, para analista e analisando, é atravessada pelo corpo.

Como Ogden, Ferro e Ribeiro, Civitarese compreende a *reverie* somática muitas vezes como atordoante, desoladora, e acrescenta que ela é um importante indicativo de que há uma abertura para a comunicação sensorial, não falada, que é vivida no corpo. Dessa forma, o autor considera que as *reveries* somáticas podem ser úteis ao trabalho analítico, se nós, analistas, formos capazes de suportar o desconcerto e a frustração diante da ausência imediata de um significado.

Para Civitarese, a *reverie* é um sonho que sonhamos acordados, algo que experimentamos mediante um estado de abertura, de passividade, que difere do pensamento associativo. Ela emerge em nossa mente de modo disruptivo, não estando, necessariamente, associada a nada do que está acontecendo ou sendo dito na sessão. O autor compreende o corpo como a base para o sonhar e, dessa maneira, as *reveries* nos indicam o contato com um pensamento ainda incipiente.

Os Botella

O casal César e Sara Botella expande o tema da *reverie* com sua compreensão de que, a partir da figurabilidade, algo que nunca teve inscrição no aparelho psíquico pode emergir via imagem e marcar um lugar a ser constituído no psiquismo. Afirmam que a figurabilidade seria "o primeiro tempo indispensável a um trabalho de 'tornar representável', de criação de uma cadeia de representações" (Botella, 2000, p. 236). Para os autores, o incognoscível só pode ser "desenhado" via figurabilidade.

Os autores compreendem que a *reverie* opera especialmente em um nível pré-consciente, enquanto o trabalho de figurabilidade estaria alocado em um nível inconsciente, o qual abarca, além dos elementos não representados, outros elementos psíquicos como desejos inconscientes, lembranças e elementos sensoriais.

Para os Botella, a figurabilidade é o produto final e o fundamento de todas as *reveries*. Segundo os autores, a figurabilidade engloba uma zona maior de trabalhos psíquicos, sendo seu objetivo, sincronicamente, a transformação do inassimilável.

Outra grande contribuição dos autores é a ideia do movimento regrediente. Da palavra à formação da imagem, é a partir da regrediência que o analista pode acessar imagens que lhe possibilitam alcançar o não representado, e, com isso, promover a ampliação dos pensamentos e o surgimento de novas articulações. O movimento regrediente seria, portanto, um estado onírico da mente do analista a partir do qual as imagens "alucinadas" dariam figurabilidade àquilo que permanecia irrepresentado ao analisando.

***

Vemos, portanto, que não há uma concordância absoluta entre os autores, tampouco suas contribuições se tornam excludentes umas às outras. Após essa breve recapitulação acerca das particularidades do pensamento de cada um dos autores, chegamos mais próximos de tecer algumas considerações finais, lembrando que o intuito deste trabalho não é concluir, no sentido de supor que haja um fechamento. Ao contrário, ao estudarmos o conceito de *reverie*, percebemos que ela se estrutura por diferentes vértices e, desse modo, comporta amplas compreensões.

Notamos que decifrar o conceito de *reverie* seria ir na contramão do que ela representa psíquica e clinicamente: abertura, expansão. Por esse motivo, o propósito é abrir caminhos para se pensar a *reverie* e as transformações em análise.

Recordo-me de uma reunião com meu grupo de pesquisa, na qual um querido e competente colega, o psicanalista e pesquisador Davi B. Flores, nos contemplou com uma analogia simples e precisa. Disse que, observando as nuances embrenhadas nas ideias de cada um desses autores, nota-se que esses terrenos teóricos são tão avizinhados que não dá para saber ao certo onde termina o muro de um e começa a grama do outro. É uma imagem clara sobre como as diferentes proposições teóricas dos autores estudados se apresentam nesse campo conceitual da *reverie*: ideias tão próximas que, por vezes, se confundem. Ou, ainda que notemos diferenças mais expressivas entre as estruturas ali construídas, todas se assentam em terrenos teóricos interligados e, portanto, torna-se impossível levantar grandes muros. Talvez, entre uma formulação teórica e outra, um pequeno cercado, mas não fronteiras rigidamente demarcadas.

Da mesma maneira, as articulações entre as teorizações dos autores estudados e as experiências com Paulo não pretenderam mostrar divergências na compreensão da *reverie* quanto a sua aplicabilidade clínica. Os breves fragmentos aqui narrados foram elencados a fim de descrever ao leitor a riqueza e a profundidade dos conteúdos emocionais que vivemos com nossos analisandos.

É importante ressaltar que nem todas as sessões são permeadas por *reveries*, e que a qualidade das imagens que surgem varia visivelmente a depender da abertura e receptividade também do analisando, pois, como vimos, esse é um fenômeno intersubjetivo, e, portanto, depende da condição de ambos para que as imagens possam emergir e delas, ampliar as representações, expandir os pensamentos, gerar transformações.

Penso que as experiências emocionais em análise são capazes de transpor paradigmas, pois percebo que, mesmo com pacientes limites, há um terreno frutífero para a formação de imagens e, ainda que nesses pacientes haja uma maior dificuldade na simbolização, muitas vezes são eles quem mais nos convocam, a quem mais emprestamos nossa mente para pensar seus pensamentos, sonhar seus sonhos.

Na sala de análise, a partir da criação de um espaço de intimidade, receptividade e confiança, a assimetria é vivenciada por meio da função psicanalítica da personalidade e guiada por uma intuição psicanaliticamente treinada, que torna aquele campo fecundo para a emergência dos pictogramas. As mentes de analista e analisando têm ali um espaço criativo e propício para se comunicarem.

Assim, o sonhar compartilhado pode acontecer, um trabalho que expande a noção freudiana do sonho noturno, pois trata-se de sonhos sonhados a dois, que emergem e se desdobram entre o conhecido e o incognoscível, o finito e o infinito, o consciente e o inconsciente. E nesse movimento constante e dinâmico da mente humana, os sonhos sonhados juntos podem expandir para novos pensamentos, novos sonhos, e abrir caminhos para transformações da/na dupla analítica.

Eu me pergunto (e vocês, leitores, talvez também possam se questionar): como posso sentir tanto prazer em ser psicanalista se, na psicanálise, entramos em contato com a brutalidade da vida e com a crueza do sofrimento humano? A resposta é imediata: há nesse ofício um prazer muito específico, muito peculiar. A psicanálise nos coloca diante de uma experiência de mutualidade, nos convoca à expansão de nossa capacidade para o "estar com" e para tolerar o desconhecido. Suportar o incognoscível não significa ignorá-lo, mas sim, pressupõe estar em um processo de investigação contínua, um movimento expansivo que não satura, nem se esgota. Uma profissão que se faz no caminho, um processo contínuo e infinito. Ser capaz de suportar as turbulências do encontro e o estado de não saber exige do analista coragem para seguir em uma postura de abertura receptiva e investigativa para novas conexões e significados.

Cada vez mais me convenço que não há processo psicanalítico sem que haja abertura para a comunicação intersubjetiva. Contudo, a partir das leituras deste estudo e da experiência clínica encarnada, percebo um aspecto de extrema relevância para que as *reveries* possam emergir, assim como ao trabalho analítico: o analista tem que ser alguém vivo para todas as relações do mundo, com todos os poros sensitivos abertos e receptivos.

Viver com prazer uma prática tão densa, na qual é necessário colocar-se disponível e manter-se vivo, só é possível no exercício da análise pessoal e da expansão da experiência por meio das trocas entre pares. É fato que tais recursos ampliam nossas condições de mantermo-nos vivos e atentos, mas também é necessário que estejamos abertos para o contato com o sensível. Ampliar nossa comunicação com o outro depende de uma capacidade de receptividade, de hospitalidade para que sejamos capturados por partículas intersubjetivas que nos atravessam e nos afetam pelo sensível que habita o mundo que nos cerca.

É esperado do analista, acima de tudo, uma expansão da capacidade de ser habitado pelo outro, quando nos abrimos para uma experiência de mutualidade, na qual afetamos e somos afetados. A abertura para recepcionarmos o outro em nós mesmos só é possível a partir de uma matriz amorosa da mente. Mas esse é um assunto complexo que apresentarei em breve, em um outro trabalho. Porque as inquietações não cessam e a busca é infinita.

Entre penumbra e centelhas, do incognoscível às transformações, a experiência da *reverie*, a partir de uma capacidade imaginativa da mente, pode ser compreendida como uma criação artística por meio da qual a comunicação inconsciente entre as mentes pode transformar o fio solto em um vistoso bordado.

Encerro este livro, mas não se esgotam aqui as infinitas nuances e os vértices para se pensar o tema da *reverie*. Como disse outrora o geógrafo e historiador francês Éric Dardel, "chegamos, pelos caminhos da imaginação, a uma geografia dos sonhos" (2011, p. 5).

E assim, nos guiando pelos caminhos do imaginário, um infinito de formas, cores, sensações e sentimentos se abrem para que o sonho possa ser vivido no encontro analítico, esse "lugar" onde as mentes se encontram e no qual a mente do analista é convocada a ser habitada pelo outro, para que ambos possam sonhar juntos a experiência emocional, libertar as formas prisioneiras e sonhar novos sonhos.

Referências

Abram, J. (1997). *The language of Winnicott* (400 p.). Jason Aronson.

Alencar, José de.(1874). Ao correr da pena. Org. José Maria Vaz Pinto Coelho. São Paulo: Tipografia Alemã, 1874, p. 234.

Alves, R. (2007). *O que é científico?* (80 p.). Edições Loyola.

Andrade, C. D. (1964). *Obra completa* (pp. 138-139). Aguilar.

Aulagnier, P. (1995). *O processo originário e o pictograma* (V. Ribeiro, trad.). Ágalma.

Baranger, M.; Baranger, W. (1961-1962). A situação analítica como um campo dinâmico. Controvérsias a respeito de enactment. *Livro Anual de Psicanálise XXIV,* São Paulo, SP: Escuta, 2010.

Baudelaire, C. (2023). Prosa. Tradução, organização e introdução de Júlio Castañon Guimarães. São Paulo: Companhia das Letras, 2023.

Barros, M. de. (2015) Meu quintal é maior do que o mundo: antologia, Rio de Janeiro: Editora Alfaguara.

Benjamin, W. (2012). *Sobre arte, técnica, linguagem e política* (2. ed., 196 p.). Editora 34.

Bion, W. R. (1961). Experiências com grupos. Rio de Janeiro: Imago, 1975.

Bion, W. R. (1977). Caesura. In W. R. Bion, Two papers: the grid and caesura (pp. 51-56). London: Karnac, 1989.

Bion, W. R. (1959). Ataques ao elo de ligação. In *Ataques ao elo de ligação* (v. 1., pp. 95-109). Imago, 1991.

Bion, W. R. (1962). *O aprender com a experiência* (144 p.). Imago, 1991.

Bion, W. R. (1970). *Atenção e interpretação*. Imago, 1991.

Bion, W. R. (1994). *Estudos psicanalíticos revisados*. Imago.

Bion, W. R. (1992). *Cogitações* (P. Sandler, trad.). Imago, 2000.

Bion, W. R. (1965). Transformations. In *The complete works of W. R. Bion*. Vol. V. Karnac Books, 2014.

Bion, W. R. (1967). Notes on memory and desire. In *The complete works of W. R. Bion*. Karnac Books, 2014.

Bion, W. R. (1977). *Domesticando pensamentos selvagens* (80 p.). Blucher, 2018.

Botella, C. (2000). SBPdePA entrevista César Botella. *Psicanálise – Revista da Sociedade Brasileira de Psicanálise de Porto Alegre*, 2(1), 225-248. Disponível em: https://revista.sbpdepa.org.br/revista/article/view/37. Acesso em: 9 maio. 2022.

Botella, C. (2007). *Rêverie-reverie* e o trabalho de figurabilidade. In O sonhar do psicanalista na sessão (M. L. Teodoro, trad.). *Alter – Revista de Estudos Psicanalíticos*, *25-26*(1-2), 178-185.

Botella, C., & Botella, S. (2001). *La figurabilité psychique* (261 p.). Delachaux et Niestlé.

Botella, C., & Botella, S. (2002). *Irrepresentável: mais além da representação*. (243 p.). Sociedade de Psicologia do Rio Grande do Sul; Criação Humana.

Botella, C., & Botella, S. (2003). Figurabilidade e regrediência. *Revista de Psicanálise da SPPA*, *10*(2), 249-3.

Botella, C., & Botella, S. (2013). Figurabilidade psíquica e estados não representados. In H. B. Levine, G. S. Reed, & D. Scarfone, (Eds.).

Estados não representados e a construção de sentido: contribuições clínicas e teóricas (pp. 95-121). Karnac.

Botella, C., Ferro, A., Parsons, M., & Ogden, T. (2008). *Rêverie-reverie*: o sonhar do psicanalista na sessão. *Alter – Revista de Estudos Psicanalíticos*, 25-26(1-2), 155-185.

Busch, F. (2018). Searching for the analyst's reveries. *The International Journal of Psychoanalysis*, 99(3), 566-578.

Cesar, F. F. (2019). A pega. *Grupos de Estudos da Fátima* [online]. Disponível em: http://m.facebook.com/gruposdeestudosdafatima/. Acesso em: 20 maio 2019.

Cintra, E. M. de U., & Ribeiro, M. F. da R. (2018). *Por que Klein?* (204 p.). Zagodoni.

Civitarese, G. (2010). *The intimate room: theory and technique of the analytic field* (240 p.). Routledge.

Civitarese, G. (2016a). Entrevista com Giuseppe Civitarese. *Revista de Psicanálise da SPPA*, 23(2), 345-357.

Civitarese, G. (2016b). Reverie and the aesthetics of psychoanalysis. In D. Blue, & C. Harrang (Orgs.). *From reverie to interpretation transforming thoughts into the action of psychoanalysis* (p. 39). Karnac.

Civitarese, G. (2018). O inconsciente inacessível e a *reverie* como um caminho de figurabilidade. In H. B. Levine, G. S. Reed, & D. Scarfone (Orgs.). *Estados não representados e a construção de significado: contribuições clínicas e teóricas* (pp. 295-319). Blucher; Karnac.

Civitarese, G. (2021). Campo incorporado e *reverie* somático. *Revista Brasileira de Psicanálise*, 55(3), 43-57.

Coelho Junior, N.E. (2010). Da intercoporeidade à co-corporeidade: elementos para uma clínica psicanalítica. *Revista Brasileira de Psicanálise*, 44(1), 51-60.

Coelho Jr, N., & Figueiredo, L. C. (2018). *Matrizes do adoecimento psíquico e estratégias de cura* (304 p.). Blucher.

Couto, M. (2003). *O fio das missangas* (p. 89). São Paulo: Companhia das Letras.

Couto, M. (2006). *O outro pé da sereia* (336 p.). São Paulo: Companhia das Letras.

Couto, M. (2012). E se Obama fosse africano? Ensaios. São Paulo: Companhia das Letras.

Dardel, E. (2011). *O homem e a terra: natureza da realidade geográfica* (W. Holzer, trad., pp. 249-252). Perspectiva.

Ferenczi, S. (1932). Diário Clínico. (A. Cabral, Trad.). São Paulo: Martins Fontes, 1990.

Ferro, A. (1995). "A mente do analista ao trabalho: problemas, riscos e necessidades". In A. Ferro, A técnica na psicanálise infantil (M. Justum, Trad.). Imago.

Ferro, A. (1996). Antonino Ferro em São Paulo. Seminários (M. O. de A. F. França & M. Petricciani, Orgs.). Acervo Psicanalítico. Sociedade Brasileira de Psicanálise de São Paulo.

Ferro, A. (1999). O sonho da vigília: teoria e clínica. Revista Brasileira de Psicanálise, 33(3), 449-458.

Ferro, A. (2007). "A contratransferência e os personagens na sala de análise". In J. Zaslavsky & M. J. P. Santos (Orgs.), Contratransferência: teoria e prática clínica (pp. 65-75). Artmed.

Ferro, A. (2017). Tormentos de almas: paixões, sintomas, sonhos (M. Petricciani, Trad.). Blucher.

Ferro, A. & Basile, R. (2013). Campo analítico: um conceito clínico (R. C. Costa, Trad.). Artmed.

Ferro, A. & Basile, R. (2013). "O universo do campo e seus habitantes". In A. Ferro & R. Basile, Campo analítico: um conceito clínico (pp. 13-34). Artmed.

Figueiredo, L. C., Tamburrino, G., & Ribeiro, M. F. R. (2011). *Bion em nove lições: lendo transformações*. Escuta.

Freud, S. (1900) A interpretação dos sonhos. In: Obras Completas, volume 4 (1900). Tradução de Paulo César de Souza. São Paulo: Companhia das Letras, 2019.

Freud, S. (1908). Escritores criativos e devaneios. In S. Freud. *Edição standard brasileira das obras psicológicas completas de Sigmund Freud* (J. O. A. Abreu & J. Salomão, trad., v. 9, pp. 147-158). Imago, 1980.

Freud, S. (1926). Inibição, sintoma e angústia. In *Obras completas* (P. C. Souza, trad., v. 17). Companhia das Letras, 2014.

Gedeão, A. (1956). Pedra Filosofal. *In: Movimento perpétuo : [poemas] /* António Gedeão. [S.l. : s.n.], 1956 (Coimbra: Of. Atlântida), 70 pp.

Grotstein, J. S. (2010). *Um facho de intensa escuridão* (308 p.). Artmed.

Keats, J. (1958). *Letters*. Forman, Oxford University Press.

Leite, D. da R. (2019). Submarina. In V. Cavaleiro (Org.). *Um autor, um poema. Antologia poética*, p.31, Revista Cultura Pará: Patuá.

Lispector, C. (1979). *A paixão segundo G. H.* (pp. 76-80). Nova Fronteira.

Lispector, C. (1987). Água Viva. Rio de Janeiro: Nova Fronteira.

Merleau-Ponty, M. (1959-1960). *La Nature – Notes de Cours du Collège de France* (374 p.). Seuil.

Ogden, T. H. (1996). *Os sujeitos da psicanálise* (C. Berliner, trad., 216 p.). Casa do Psicólogo.

Ogden, T. H. (2010). *Esta arte da psicanálise: sonhando sonhos não sonhados e gritos interrompidos* (D. Bueno, trad., 168 p.). Artmed.

Ogden, T. H. (2013). *Reverie e interpretação: captando algo humano* (256 p.). Escuta.

Pessoa, F. (2000). *Poesias completas de Alberto Caeiro* (264 p.). Nova Fronteira.

Ribeiro, M. F. R. (2016, dez.). Uma reflexão conceitual entre identificação projetiva e *enactment*: o analista implicado. *Cadernos de Psicanálise*, *38*(35), 11-28. Disponível em: http://pepsic.bvsalud.org/scielo.php?script=sci_arttext&pid=S1413-62952016000200001&lng=pt&nrm=iso. Acesso em: 9 maio 2022.

Ribeiro, M. F. R. (2017). Uma reflexão conceitual entre identificação projetiva *e enactment*. In E. M. de U. Cintra, M. F. da R. Ribeiro, & G. Tamburrino (Orgs.). *Para além da contratransferência: o analista implicado* (pp. 41-54). Zagodoni.

Ribeiro, M. F. R. (2019a). Alguns apontamentos acerca da função psicanalítica da personalidade no campo analítico. A narrativa do analista e a do escritor. *Cad Psicanálise (CPRJ)*, *41*(40), 169-187.

Ribeiro, M. F. R. (2019b). O texto que ainda não foi escrito e aquilo que ainda não foi vivido. In A. Chuster, & A. Sturmer (Orgs.). *Capacidade negativa: um caminho em busca de luz* (p. 252). Zagodoni.

Ribeiro, M. F. R. (2020). Da identificação projetiva ao conceito de terceiro analítico de Thomas Ogden: um pensamento psicanalítico em busca de um autor. *Revista Ágora: Estudos em Teoria Psicanalítica*, *XXIII*(1), 57-65.

Ribeiro, M. F. R. (2022). *Intuição psicanalítica e reverie*. Reunião científica realizada pela Appsi Associação de Psicoterapia Psicanalítica (vídeo). Disponível em: https://www.youtube.com/watch?v=-Z01HZE_p8jo. Acesso em: 27 jan. 2022.

Ribeiro, M. F. R. (2023). A intuição psicanalítica e a *reverie*: captando fatos ainda não sonhados. In M. F. R. Ribeiro, & E. M. de U. Cintra (Orgs.). *Vastas emoções e pensamentos imperfeitos: diálogos bionianos* (pp. 115-149). Blucher.

Rocha Barros, E.M. (2000). Affect and pictographic image: The constitution of meaning in mental life. Int. J. of Psychoanal., 81,1087-1099.

Rocha Barros, E. M. (2002). O processo de constituição de significado na vida mental: afeto e imagem pictográfica. *Revista Brasileira de Psicanálise, 34(1): 55-67.*

Rocha Barros, E. M. (2019). A clínica contemporânea do sonho: sonhando em Laplanche, Bion e Ogden. In T. S. Candi, & A. Rocha Barros (Orgs.). *Diálogos psicanalíticos contemporâneos Bion e Laplanche: do afeto ao pensamento* (424 p). Escuta.

Rocha Barros, E. M., & Rocha Barros, E. L. (2012). Reflexões críticas sobre os processos intersubjetivos: contratransferência, *revêrie* e o processo de simbolização. *Revista Brasileira de Psicanálise, 46*(1), 135-149.

Rocha Barros, E. M., & Rocha Barros, E. L. (2017). Transformação das formas simbólicas em sonhos. *Jornal de Psicanálise, 50*(93), 37-52.

Rocha Barros, E. M., & Rocha Barros, E. L. (2018). Melanie Klein ontem, hoje e amanhã. In E. M. de U. Cintra, & M. F. R. Ribeiro. *Por que Klein?* (pp. 13-22). Zagodoni.

Sandler, P. C. (2021). *A linguagem de Bion: um dicionário enciclopédico de conceitos.* (1312 p.). Blucher.

Saramago, J. (1987). *Provavelmente alegria* (pp. 54-55). Ed. Caminho.

Seuphor, M. (1964). *Abstract painting: fifty years of accomplishment from Kandinsky to Jackson Pollock.* A Laurel Edition.

Shakespeare, W. (2016). *Poemas de amor* (B. Heliodora, trad.). Empresas Culturales SA de CV.

Silva, D. F. Poesia reunida. Rio de Janeiro: Topbooks, 1999, p.61.

Tanis, B. (2015). A escrita, o relato clínico e suas implicações éticas na cultura informatizada. *Rev Bras Psicanál* [online], *49*(1), 179-192.

Valéry, P. (2005). *A alma e a dança e outros diálogos* (M. Coelho, trad., p. 58). Imago.

Winnicott, D. W. (1982). *A criança e o seu mundo* (6. ed., Á. Cabral, trad.). LTC.

GRÁFICA PAYM
Tel. [11] 4392-3344
paym@graficapaym.com.br